AF536556

Bergisches Land Ruhr Sauerland

15 Sonntagsausflüge

Hartmut Schönhöfer

traum touren

Bergisches Land, Ruhr und Sauerland bieten uns mit Bergen und Tälern, Flüssen und Seen, beeindruckender Industriekultur, idyllischen Fachwerkdörfern und kulinarischen Spezialitäten eine bemerkenswerte Vielfalt. Das gilt auch für die 15 Radtouren. Sie sind so gewählt, dass für jeden Anspruch etwas dabei ist, ob alleine, zu zweit oder mit der ganzen Familie.

Für E-Biker erschließen sich neben Flusstälern und ehemaligen Bahntrassen völlig neue Höhepunkte, ohne dabei aus der Puste zu geraten – und Tourenradler haben die Wahl zwischen gemütlichen Genussrunden und ambitionierten Entdeckertouren. Jede Strecke verbindet die schönsten Natur-, Kultur- und Genusserlebnisse der Region und verspricht einen herrlichen Fahrradausflug.

Da nicht alle Strecken durchgehend markiert sind, empfiehlt sich zur sicheren Orientierung die Navigation via Smartphone oder die Nutzung eines Bike-Navis.

ideemedia

Inhalt

Tipps • Touren • GPS-Tracks
www.wander-touren.com

Bergisches Land 

Sauerland

Zeichen im Buch

Zeit für die Tour (bei ø 12 km/h)
Höhenmeter (auf/ab)
1 Radler – ganz einfach
2 Radler – relativ leicht
3 Radler – mittelschwer
4 Radler – anspruchsvoll
5 Radler – richtig sportlich
Radweg
Variante/2-Tages-Tour
Parkplatz
Bahnhof
Fähre
Anfahrt
Start/Ziel
Tourist-Information
Einkehren
Fahrradhändler/-werkstatt
Badesee/Schwimmbad/Thermalbad
Burg/Schloss
0 Knotenpunkt
Besondere Sehenswürdigkeit
[1] Besonderer Streckenpunkt
Telefonnummer
Internet-Adresse
QR-Code: ohne App = Startpunkt
mit App = Tour laden

Hike & Bike

Kostenlos die App *traumtouren* nutzen

Lesen, laden, losradeln: So einfach war es noch nie, die beschriebenen Routen auf dem Smartphone anzuzeigen. Laden Sie dazu bei Apple iTunes (für iPhones und iPads) oder im Google Play Store (für Android-Geräte) die kostenlose Basisversion der App **traumtouren**.*

1. Öffnen Sie die App. Im Buch finden Sie in jedem Kapitel einen QR-Code. Scannen Sie den Code aus der geöffneten App heraus.
2. Automatisch wird die entsprechende Tour auf der Kartengrundlage von Google Maps angezeigt. Beim Laden ist dazu eine Mobilfunk- (hier fallen evtl. Kosten an) oder WLAN-Verbindung notwendig.
3. Unterwegs können Sie jederzeit Ihre aktuelle Position verfolgen und (bei bestehender Mobilfunkverbindung) zusätzliche Informationen, Tipps und Fotos abrufen.

Bitte beachten Sie: Das Scannen der QR-Codes klappt am besten mit Smartphones, die über eine Autofocus-Funktion verfügen. Alternativ zum Scannen können Sie in der App den TourCode eingeben.

Wichtig: Scannen Sie den TourCode versehentlich nicht direkt aus der App **traumtouren** (sondern über einen normalen QR-Scanner), öffnet sich nur die Karte mit dem Startpunkt der Tour. Via Google Maps können Sie sich dann dorthin navigieren lassen. Je nach Mobilfunk-Vertrag können für die Datenübertragung (besonders im Ausland) Kosten anfallen.

*Die Basisversion von „traumtouren“ ist gratis und enthält als Bonus weitere fünf Wander- und Radtouren. Bitte beachten Sie die gesonderten Nutzungsbedingungen. Es besteht kein Anspruch auf Verfügbarkeit. Die App ist nicht Bestandteil des Buchkaufs.

Lesen. Laden. Losradeln.

traumtouren

Gut zu wissen

Das Buch ist nach Regionen gegliedert. Die Tourenauswahl reicht von „relativ leicht" bis „richtig sportlich". Neben der im Höhenprofil dargestellten Strecke bieten einige Touren auch Varianten.

Die Zeitangaben basieren, unabhängig von der Topografie, auf einer Durchschnittsgeschwindigkeit von 12 km/h. Für Pausen und Besichtigungen sollte man zusätzlich genug Zeit einplanen. Bei den Streckentouren ist zudem die Bus- oder Bahnfahrt zurück zum Start bei der Zeitplanung zu berücksichtigen.

Um die Orientierung möglichst einfach zu halten, folgen die Touren entweder einem einzigen (Themen)Radweg oder wechseln von Radweg zu Radweg. Einige nicht als Radweg ausgewiesene Passagen lassen sich jedoch nicht vermeiden. Die Tipps wurden sorgfältig recherchiert und überprüft, unterliegen jedoch gerade in Zeiten nach der Pandemie einem ständigen Wandel. Erfragen Sie zur Sicherheit bitte bei den genannten Adressen vorab die Öffnungszeiten oder reservieren Sie Plätze.

Bei der Orientierung hilft auch das NRW-Knotenpunktnetz und ermöglicht „Radeln nach Zahlen". Kreuzungen des Radwegenetzes sind mit Knotenpunkten, d. h. einer Zahl markiert. Eine Übersichtstafel zeigt die nächsten Knotenpunkte.

Da nicht alle Touren ausschließlich über Asphaltstraßen führen, empfiehlt sich ein Touren- oder Trekkingrad (mit oder ohne Akkuunterstützung) mit entsprechender Schaltung und Bereifung. Es wurde bewusst nicht zwischen Strecken für Pedelec/E-Bike und „Normalrad" unterschieden.

Viel Spaß und Genuss beim Radfahren im Bergischen Land, entlang der Ruhr und im Sauerland!

Mit den TourCodes am Ende eines jeden Kapitels können auf www.wander-touren.com die Routen als .gpx-Track für Navigationsgeräte geladen werden. Die Tracks enthalten neben der Route auch die meisten Infos aus den TourTipps. In kostenlosen Programmen (wie BaseCamp) können die Infos reduziert und die Wegstrecken individuell bearbeitet werden.

Bergisches Land

Das Bergische Land wird eingerahmt von Rhein, Sieg, Sauerland und Ruhrgebiet. Die hügelige Mittelgebirgslandschaft fasziniert mit seinen Talsperren, Seen, Wäldern, Tälern und Ausblicken. Fachwerk und Schiefer prägt die urigen Dörfer. Die bergische Küche lockt mit Spezialitäten wie Waffeln und der Kaffeetafel.

Wuppertalsperre mit Haus Hammerstein

01 Auf Müllers Spuren

Der Radweg „Auf Müllers Spuren" beginnt in Overath und entführt uns in die Fluss- und Hügellandschaft des Naturparks Bergisches Land. Höhepunkt ist die Fahrt durch das Naafbachtal. Die Kurzstrecke spart uns auf dem Agger-Sülz-Radweg zwei Anstiege.

Start/Ziel: Parkplatz Schul- und Sportzentrum Cyriax, Perenchiestraße 3, 51491 Overath

N 50° 55' 29.9" E 7° 16' 43.4"

Anfahrt: A 4 bis Ausfahrt 22 Overath/Aggertal, B 55/B 484 Richtung Overath folgen, im Zentrum vor dem Kreisverkehr an der Ampel links in die Propsteistraße abbiegen, im Kreisverkehr nach der Aggerbrücke in die Perenchiestraße ausfahren

Parkplatz: Siehe Start/Ziel

Zug: Oberbergische Bahn RB 25 bis Bahnhof Overath

Knotenpunkte:
31 - 32 - 33 - 34 - 35 - 82 - 81

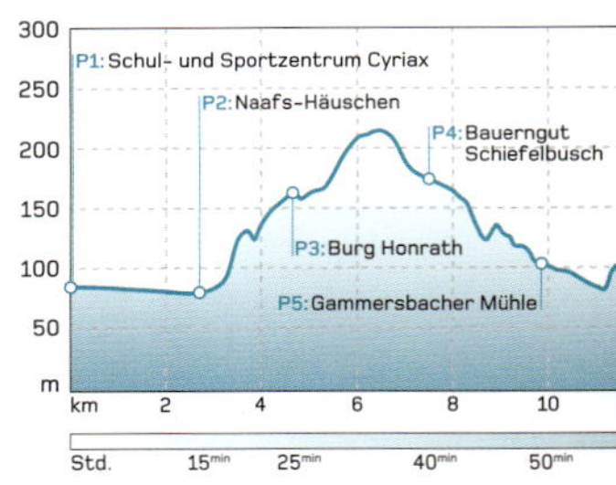

Variante kurz:

25.2 km 2h 5min 483 ↑ ↓ 483

39.4
km
3h 15min
752
752
Anspruch
Bahnhof Overath
L 360
L 84
Bleifeld
Sülze
Marialinden
L 312
82
81
Schul- und Sportzentrum Cyriax
P1
Overath
P12 Warth
Durbusch
Hoffnungsthal
Bahnhof Honrath
Agger
Leyenhaus
L 284
Aggerhütte
Honrath
L 318
L 312
Schwellenbach
P2 Naafs-Häuschen
P3
Burg Honrath
Sülz
P4
L 84
Neuhonrath
Mohlscheid
P11 Mohlscheid
Schloss Auel
B 484
Bauerngut Schiefelbusch
Nackhausen
Naturschule Aggerbogen
Oberdorst
Rambrücken
P5
Gammersbacher Mühle
Wahlscheid
Höffen
P10
35
L 288
Naafer Mühle
Scheiderhöhe
Seelscheid
P6 Burg Haus Sülz
Heppenberg
P9
34
Wahnbach
B 56
Naafbachtal
Altenrath
33
B 484
P7
L 189
Kreuznaaf
Breidt
31
Krahwinkel
Altenrath
Donrath
Neunkirchen
A 3
B 507
P8
L 16
Pohlhausen
32
B 56
Lohmar
Birk
L 352
P11: Mohlscheid
P12: Warth
P9: Knotenpunkt 34
P10: Knotenpunkt 35
P7: Altenrath
P8: Knotenpunkt 32
P1: Schul- und Sportzentrum Cyriax
P6: Burg Haus Sülz
14
16
18
20
22
24
26
28
30
32
34
36
38
39,4
1h15min
1h25min
2h
2h30min
2h45min
3h
3h15min

01

Mühlen, Bäche, Höfe

Fachwerkpracht in Mohlscheid

Die E-Bike-Region „bergisch-hoch-vier“ hat vier Themenrouten ausgewiesen. Mein Favorit ist die Tour **„Auf Müllers Spuren“**. Los geht es am **Parkplatz Schul- und Sportzentrum Cyriax (P 1)** am südlichen Ortsrand von Overath. Beim Fußballplatz des SSV Overath 1919 biegen wir links ab und überqueren die Agger. Nach der Freizeit- und Parkanlage des Guts Eichthal treffen wir an der B 484 auf die beiden Themenradwege **Auf Müllers Spuren** (www.bergisch-hoch-vier.org) und **Agger-Sülz-Radweg** (www.dasbergische.de).

P1
Start

Es folgt ein flacher Streckenabschnitt entlang der Bundesstraße. Das Terrain ist zum Einrollen ideal. In dem ländlichen Idyll von Wiesen, Weiden und Bauernhöfen ragt das Gebäude der Aggerhütte, einer ehemaligen Erzhütte, markant hervor. 100 Meter vor dem **Landhotel Naafs-Häuschen (P 2)** (www.naaf.de) trennen sich die beiden Radwege, und wir können zwischen **Kurz-** und **Langstrecke** wählen.

P2
2,5 km
15 min

*Die **Kurzstrecke** bleibt im Aggertal und verläuft auf dem **Agger-Sülz-Radweg** über Neuhonrath und Wahlscheid zum **Knotenpunkt 34 (P 9)** am Campingplatz Jansen bei Kreuznaaf. Dabei passieren wir den Landschaftsgarten und die Naturschule Aggerbogen (www.naturschule-aggerbogen.de). Dort laden mehrere Rundwege zur Erkundung der Aggeraue ein. Mit etwas Glück können wir im Fluss einen Wildlachs entdecken. Im Herbst kehren die Lachse zum Laichen an ihre Geburtsorte zurück.*

Aggerbrücke bei der Naturschule

Auf der **Langstrecke** heißt es „Höhenmeter schrubben". Der **Radweg Auf Müllers Spuren** verlässt beim Naafs-Häuschen das Tal und wartet mit einem Steilanstieg auf. Wir strampeln vom Dorf Agger auf der Straße nach Honrath. Dabei kommen wir am Bahnhof Honrath und dem Büro des Touristikvereins Bergischer Rhein-Sieg-Kreis vorbei. Ohne E-Power ist der Berg eine ziemliche Schinderei. In Honrath sorgt ein Abstecher zur **ehemaligen Burg Honrath (P 3)** und zur benachbarten evangelischen Kirche für eine willkommene Unterbrechung der Kurbelei.

P3
4.6 km
25min

In Schlehecken ist der Anstieg geschafft, und wir überqueren vorsichtig die L 84. Unsere Mühe wird mit einem Klasseblick in Richtung Rheinebene und Siebengebirge belohnt. Anschließend bietet das **Bauerngut Schiefelbusch (P 4)** (www.bauerngut-schiefelbusch.de) Landleben pur, und wir können im Gutscafé und Bauernlädchen regionale Spezialitäten direkt vom Erzeuger probieren.

P4
7.6 km
40min

Selbstverständlich findet sich der kulinarische Klassiker der Region „Bergische Waffeln" hier auf der Speisekarte. Ein Ort zum Schwachwerden. Natürlich gibt es auch die „Dröppelmina" zu kaufen. Die dickbauchige Kaffeekanne verdankt den Namen ihrem stets tropfenden Hahn. Doch mit diesem Souvenier im Gepäck hätten wir arg viel zu schleppen.

Auf der folgenden Abfahrt wird unsere Traumtour ihrem Namen vollauf gerecht. Im Tal erreichen wir die idyllisch gelege-

Im Aggertal

Burg Honrath

Pfauenparade

ne **Gammersbacher Mühle (P 5)** (www.gammersbacher-muehle.de). Auch wenn der Biergarten und die rustikalen Räumlichkeiten nur am Wochenende geöffnet sind, gibt es mit dem Kleintiergehege, Pferdekutschen, Planwagen und der 1613 erstmals erwähnten Wassermühle genug zu sehen und zu bestaunen. Auf sympathische Art und Weise wurde die Mühle in ein kleines Eventgelände verwandelt. Am Wochenende duftet das Brot aus dem Steinbackofen, und die Pferde werden für Kutschfahrten eingespannt.

P5
9.9 km
50^{min}

In einer Schleife kommen wir am Tiergehege der Hippenalm vorbei und passieren einen Gewerbepark. Sodann ist die **Burg Haus Sülz (P 6)** einen Abstecher wert. Einst ein Rittersitz an der Poststrecke Frankfurt–Köln, wird das markante Bruchsteingebäude mit den beiden Ecktürmen heute als Technologiehof genutzt. Anschließend queren wir die stark befahrene Sülztalstraße, den Fluss Sülz und die vielbefahrene Autobahn A 3.

P6
12.3 km
1^{h}

Nun erwartet uns der nächste Anstieg. Der Radweg führt durch ein Waldgebiet den Hang hinauf nach **Altenrath (P 7)**. In der Ortsmitte halten wir uns im Kreisverkehr rechts und biegen beim **Knotenpunkt 31** nach Lohmar ab.

P7
14.6 km
$1^{h}15^{min}$

Teils auf der sogenannten Panzerstraße, teils auf einem straßenbegleitenden Radweg rollen wir hinab ins Aggertal und können auf der Abfahrt den Fahrtwind genießen. Am Fuß des Berges biegen wir beim **Knotenpunkt 32 (P 8)** auf den wildromantischen Uferweg entlang der

Agger ab. Doch aufgepasst, dieser Streckenabschnitt ist nicht geteert und kann matschig sein. Wir folgen dem Flusslauf von Agger und Sülz bis zur Flughafenstraße L 84 und sind zurück auf Asphalt. Der Radweg passiert erneut die A 3, und wir treffen nach der Sülzbrücke auf den **Knotenpunkt 33**.

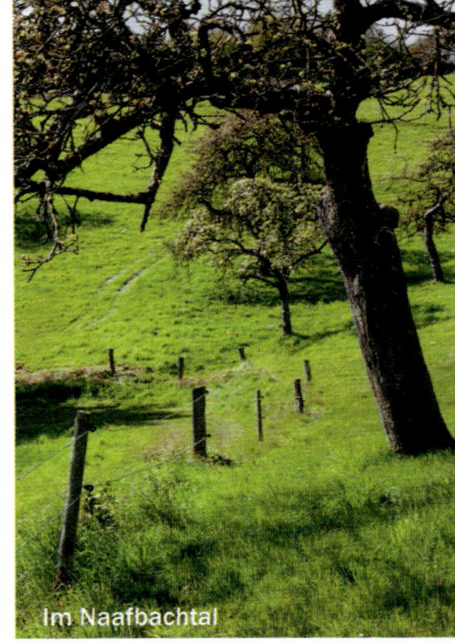

Im Naafbachtal

Auf einem straßenbegleitenden Radweg kommen wir am Flohberg (www.flohberg.com) vorbei und erreichen nach der Aggerbrücke Donrath. Am Ortsende bringt uns eine Fußgängerbrücke auf die andere Uferseite. Der Radweg führt nun in Aggernähe durch dichten „Märchenwald“ (Vorsicht, es kann matschig sein!). Über Felder und Wiesen geht es vorbei am Weiler Reelsiefen zum **Knotenpunkt 34 (P 9)** mit der Abzweigung zum Campingplatz Jansen. Hier kehrt die Kurzstrecke auf **den Radweg Auf Müllers Spuren** zurück.

P9
23.5 km
2h

Vorbei am Weiler Reelsiefen

Wir queren erneut die Agger und müssen in Kreuznaaf an einer Straßeneinmündung die B 484 kreuzen (Achtung: Gefahrenstelle!). Am besten wechselt man rechtzeitig vom Radweg auf die Abbiegespur der Bundesstraße. Auf der ansteigenden Bonner Straße zweigt der Radweg am Ortsende ins Naafbachtal ab. Die Fahrt im Naturschutzgebiet Naafbachtal ist für mich der Höhepunkt dieser Tour. Der Radweg führt im einsamen Tal sanft

P10
29.9 km
2h 30min

ansteigend zum **Knotenpunkt 35 (P 10)** bei Ingersauel. Dabei können wir den naturbelassenen Naafbach, Nasswiesen, Auen und Buchen-Eichen-Wälder an den Talhängen genießen. Doch das Naafbachtal war lange ein bedrohtes Idyll.

Dass wir die artenreiche Natur und keinen Stausee erleben können, ist einer Bürgerinitiative der 1980er-Jahre zu verdanken. 1973 sah eine konkrete Bauplanung vor, den Naafbach aufzustauen und eine Talsperre zu errichten. Der Aggerverband hatte bereits großflächig Grundstücke aufgekauft und begann Gebäude abzureißen. Dank der Bürgerinitiative und der Ausweisung als Fauna-Flora-Habitat-Schutzgebiet wurden die Pläne ad acta gelegt.

Auf den verbleibenden zehn Kilometern erwarten uns zwei heftige Anstiege. Wir verlassen das Naafbachtal, und der Radweg schraubt sich den steilen Hang über Meisenbach nach

Freundliche Wegbegleiter

Tourenabschluss an der Agger

P11
32.9 km
2h 45min

Mohlscheid (P 11) hinauf. Hier schweift unser Blick weit über die Hügel des Bergischen Landes. Vom Höhenrücken rollen wir hinunter nach Klauserhof und sind zurück im Naafbachtal. Wir durchfahren die Talsenke, passieren den Naafbach und haben den letzten Tagesanstieg über Halzemich nach Warth vor der Brust. E-Biker haben sich hoffentlich genug „Saft" aufgespart!

P12
36.2 km
3h

Aber das Auf und Ab gehört im Bergischen Land zum Radfahren dazu. Dabei ist der Name Bergisches Land nicht von der hügeligen Landschaft abgeleitet, sondern bezieht sich auf die Grafen von Berg und deren Herzogtum. Mit Überquerung der Straße „An der Sonne" am Ortsrand von **Warth (P 12)** haben wir die Anstiege bewältigt. Es folgt die Steilabfahrt nach Wasser, wo wir beim **Knotenpunkt 82** scharf links abbiegen. Ein Hangweg führt oberhalb der Agger mit Blick auf Overath zum **Knotenpunkt 81** an der Aggerbrücke.

P1/Ziel
39.4 km
3h 15min

Wer die Tour gastronomisch ausklingen lassen will oder zum Bahnhof fährt, biegt rechts nach Overath ab. Ansonsten rollen wir zum Ausgangspunkt der Tour am **Parkplatz des Schul- und Sportzentrums Cyriax (P 1)**.

Fazit

Ein „Geheimtipp"! Eine Tour abseits des Trubels durch die Fluss- und Hügellandschaft des Bergischen Landes. Die Strecke ist nicht komplett asphaltiert und daher etwas für Schönwettertage. Vorsicht, die Anstiege haben es in sich! E-Biker sind klar im Vorteil.

TourTipps

- Touristikverein Bergischer Rhein-Sieg-Kreis, bergisch hoch vier, Jexmühle 53/ Grünaggerstraße 53, 53797 Lohmar-Jexmühle, 02206/9047659, www.bergisch-hoch-vier.org, nur Freitag von 15.00 – 18.00 Uhr geöffnet

- Aueler Hof, Wahlscheider Straße 8, 53797 Lohmar-Wahlscheid, 02206/5279
- Bauerngut Schiefelbusch mit Gutscafé, Schiefelbusch 3, 53797 Lohmar, 02205/83554, www.bauerngut-schiefelbusch.de
- Die Stadtmitte, Bahnhofplatz 7, 51491 Overath, 02206/2038, www.dasverbotenebier.de
- Don Caruso, Schiffarther Straße 25, 53797 Lohmar, 02206/9509190, www.doncaruso.de
- Flohberg, Pützrather Weg 1, 53797 Lohmar, 02246/2608, www.flohberg.com
- Gammersbacher Mühle, Gammersbacher Mühle 1, 53797 Lohmar, 02205/84197, www.gammersbacher-muehle.de
- Krewelshof, An der Burg Sülz 1, 53797 Lohmar, 02205/8977-06, www.krewelshof.de
- Naafs-Häuschen, Naafshäuschen 1, 53797 Lohmar, 02206/6080, www.naaf.de
- Steinhof, Hauptstraße 30, 51491 Overath, 02206/7887, www.steinhof-restaurant.de
- Zur Alten Fähre, Brückenstraße 18, 53797 Lohmar, 02246/4561, www.hotel-zur-alten-faehre.eu

- 2Rad-Service Aggertal, Wahlscheider Straße 73, 53797 Lohmar-Wahlscheid, 02206/8673633, www.2rad-service-aggertal.de
- Overather Fahrradladen, Siegburger Straße 32, 51491 Overath, 02206/9096653, www.overatherfahrradladen.de

- Badino, Propsteistraße 25, 51491 Overath, 02206/866524, www.badino-overath.de

Tour Download: **BT4X115** (für GPS-Geräte)

Direkt in die App mit scan to go®

02 Fachwerkroute

Auf Nebenstraßen erkunden wir von Nümbrecht aus die Kulturlandschaft des Homburger Ländchens. Dabei führt die Fachwerkroute in „wildem" Zickzack durch die Bergische Hügellandschaft. Ein Höhepunkt ist zum Abschluss der Tour der Abstecher zum Schloss Homburg.

Start/Ziel: Parkplatz hinter dem Rathaus, Hauptstraße 16, 51588 Nümbrecht

N 50° 54‘ 17.6“ E 7° 32‘ 30.5“

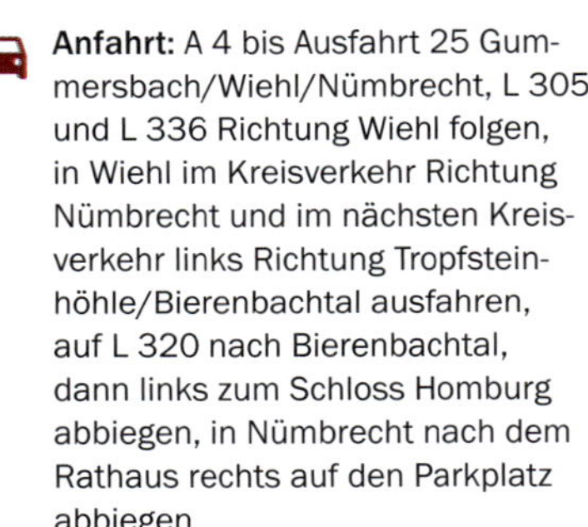

Anfahrt: A 4 bis Ausfahrt 25 Gummersbach/Wiehl/Nümbrecht, L 305 und L 336 Richtung Wiehl folgen, in Wiehl im Kreisverkehr Richtung Nümbrecht und im nächsten Kreisverkehr links Richtung Tropfsteinhöhle/Bierenbachtal ausfahren, auf L 320 nach Bierenbachtal, dann links zum Schloss Homburg abbiegen, in Nümbrecht nach dem Rathaus rechts auf den Parkplatz abbiegen

Parkplatz: Siehe Start/Ziel

Zug: Kein Bahnhof an der Strecke

Knotenpunkte: 14 - 15 - 46 - 12 - 13

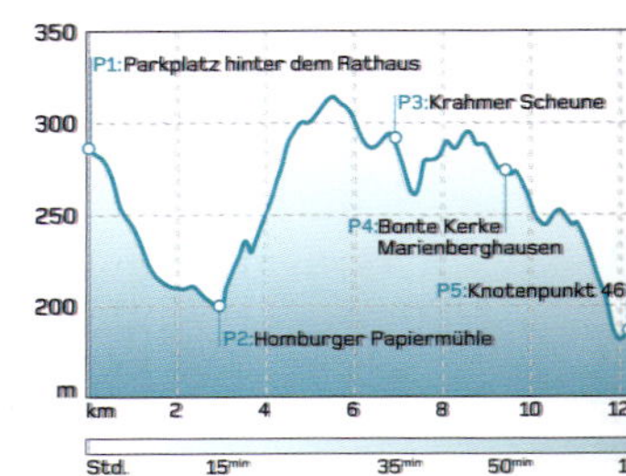

42.6 km | 3h 35min | 965 ↑ | 965 ↓ | Anspruch

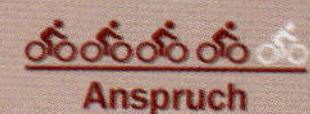

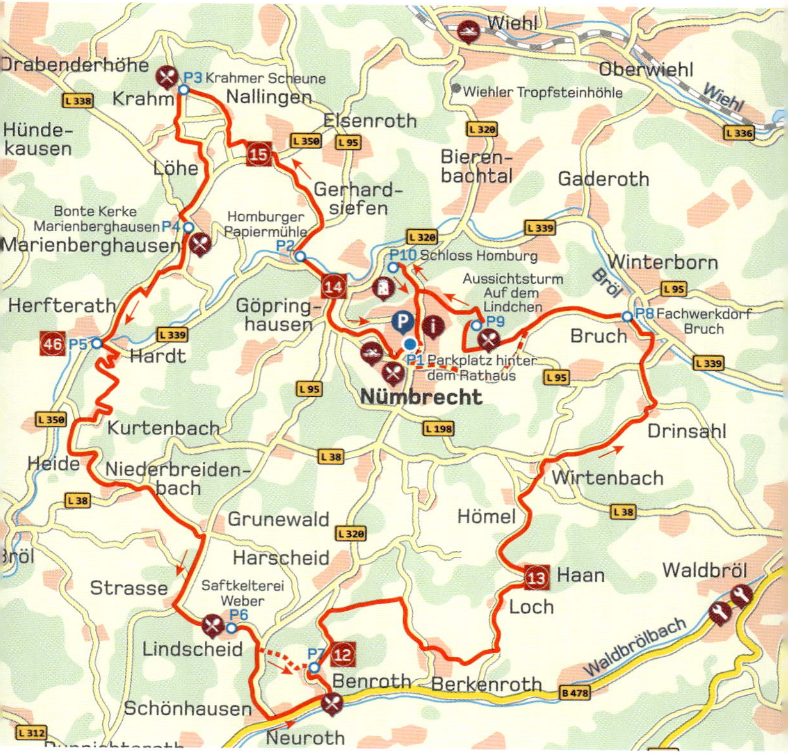

Wiehl
Drabenderhöhe
P3 Krahmer Scheune
Krahm
Nallingen
Oberwiehl
Wiehler Tropfsteinhöhle
Wiehl
L 338
Hünde-
kausen
Elsenroth
L 350
L 95
L 320
L 336
15
Löhe
Bieren-
bachtal
Gaderoth
Gerhard-
siefen
Bonte Kerke
Marienberghausen P4
Marienberghausen
Homburger
Papiermühle
P2
L 320
L 339
P10 Schloss Homburg
Winterborn
Bröl
14
Aussichtsturm
Auf dem
Lindchen
L 95
Herfterath
Göpring-
hausen
P9
P8 Fachwerkdorf
Bruch
46
P5
L 339
Hardt
Bruch
P1 Parkplatz hinter
dem Rathaus
L 339
L 95
L 95
Nümbrecht
L 350
Kurtenbach
L 198
Drinsahl
Heide
Niederbreiden-
bach
L 38
Wirtenbach
L 38
L 38
Grunewald
Hömel
L 320
Bröl
Harscheid
Waldbröl
Strasse
Saftkelterei
Weber
13
Haan
P6
Loch
Lindscheid
P7
12
Waldbrölbach
Benroth
Berkenroth
B 478
Schönhausen
L 312
Neuroth

P6: Saftkelterei Weber
P7: Knotenpunkt 12
P8: Fachwerkdorf Bruch
P9: Aussichtsturm Auf dem Lindchen
P10: Schloss Homburg
P1: Parkplatz hinter dem Rathaus
14
16
18
20
22
24
26
28
30
32
34
36
38
40
42,6
1h45min
2h
3h
3h15min
3h25min
3h35min

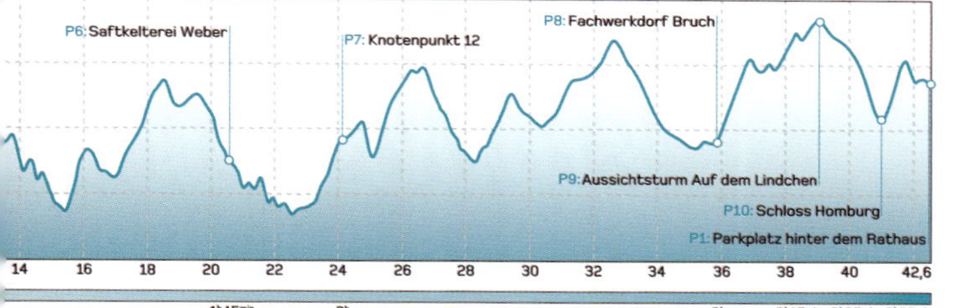

Im Homburger Ländchen

Schloss Homburg

Auf der Fachwerkroute

Bergische Idylle

Das Auto parken wir am besten in der Ortsmitte von Nümbrecht (www.nuembrecht.de) hinter dem Rathaus, in der sich auch die Tourist-Info befindet. Nümbrechts Geschichte ist mit dem früheren Sitz der Grafen zu Sayn-Wittgenstein, dem Schloss Homburg, verbunden. Doch die Schlossbesichtigung heben wir uns für das Ende der Tour auf. Zunächst erkunden wir das Homburger Ländchen, ein Zwergterritorium des Mittelalters. Das Höhenprofil verspricht ein stetes Bergauf Bergab, ein Terrain für das E-Bike und für sportliche Tourenradler. Vom **Parkplatz hinter dem Rathaus (P 1)** rollen wir auf der **Fachwerkroute** (www.dasbergische.de) an Friedhof und Schulzentrum vorbei hinab ins Bröltal (Achtung: In der Abfahrt die Abzweigung nach rechts nicht verpassen!).

P1
Start

Vom **Knotenpunkt 14** an der Straßeneinmündung in Homburg-Bröl können wir den Panoramablick auf Schloss Homburg genießen. Die Sichtachse „verdanken" wir dem Sturm Kyrill, der 2007 in Deutschland wütete. Weitere Schlossblicke werden uns den Tag über begleiten. Der Radweg folgt dem Lauf der Bröl bis zur **ehemaligen Homburger Papiermühle (P 2)**. Nachdem die Produktion 2007 eingestellt wurde, befindet sich das riesige Industriegelände im Umbruch. Einige Start-ups und Kleinfirmen haben sich schon angesiedelt. Zudem ist die Nutzung als Kunst- und Kulturhalle geplant.

P2
2.9 km
15 min

Nun beginnt der erste heftige Tagesanstieg. Wir biegen von der L 95 Richtung Gerhardsiefen ab und folgen dem Straßenverlauf bis zum **Knotenpunkt 15**, wo wir die L 350 überqueren. Nach Nallingen erreichen wir auf der Hochfläche den 70-Seelen-

P3
6.9 km
35 min

Flecken Krahm. Bei der **Krahmer Scheune (P 3)** (www.krahmer-scheune.de.tl) erreichen wir den nördlichen Wendepunkt unserer Tour. Uriger als in der Krahmer Scheune geht es kaum. Saison ist am Wochenende von Mai bis September.

Mal bergauf, mal bergab radeln wir über Birkenhof und Löhe zurück zur L 350. Dabei können wir das Panorama der Hügellandschaft des Bergischen Landes genießen. Entlang der Landesstraße kommen wir nach Marienberghausen mit seinem malerischen Ortskern und der **Bonte Kerke (P 4)**. Den Besuch der Kirche mit ihren farbenprächtigen, mittelalterlichen Wand- und Gewölbemalereien sollten wir nicht versäumen.

P4
9.5 km
50 min

Die Dorfkirche Marienberghausen ist eine von fünf Bunten Kirchen im Oberbergischen Land. Die heute evangelische Kirche stammt aus dem 13. bis 15. Jahrhundert und wurde im romanischen Stil erbaut. Bei Renovierungsarbeiten entdeckte man 1910 die spätgotischen Malereien. Ursprünglich dienten sie dazu, Gottesdienstbesuchern, die nicht lesen konnten, bestimmte Bibelszenen wie das Jüngste Gericht zu erklären. Die Darstellungen enthalten auch lustige Details, sogenannte Drollerien.

Nach einem schönen Schlossblick am Ortsausgang erwartet uns eine Abfahrt mit acht Prozent Gefälle entlang der L 350 zur Herfterather Mühle und zum **Knotenpunkt 46 (P 5)**. Wir sind zurück im Bröltal, bleiben jedoch nicht in der Ebene, sondern biegen in Richtung Nümbrecht ab. Nach 500 Metern müssen wir den steilen Hang durch die Ortschaft Hardt hinaufstrampeln. Es folgt ein ständiges Auf und Ab über die Hügel des Bergischen Landes. Ohne die Ausschilderung würden wir im Gewirr der Sträßchen und Streusiedlungen die Orientierung verlieren.

P5
12.1 km
1 h

Bei der Fahrt durch Kurtenbach, Heide, Niederbreidenbach, Grunewald, Strasse und Lindscheid wird uns der Tourenname „**Fachwerkroute**“ bewusst. In jedem Dorf und Weiler gibt es liebevoll renovierte Fachwerkhäuser und -höfe in den typisch bergischen Farben Schwarz, Weiß, Grün zu bewundern. Dazu bunte Gärten, Streuobstwiesen und viele Kleintiere: Landlust und Landidylle pur. Da Einkehrstationen rar gesät sind, ist der Besuch der **Saftkelterei Weber (P 6)** (www.webersaft.de) in Lindscheid

P6
20.6 km
1 h 45 min

Blick ins Bergische Land

Dorfkirche Marienberghausen

In der Bonte Kerke

ein Pflichtstopp. Seit 1936 verarbeitet der Betrieb das Streuobst der Region. Der Secco „Apfelperle" ist die Spezialität des Hauses.

Anschließend geht es auf der L 320 hinab ins Tal und entlang der B 478 nach Benroth. Wer abkürzen will, kann bei der Einmündung in die L 320 die direkte Verbindung nach Benroth wählen, muss jedoch mit einem Steilanstieg leben. Beim **Knotenpunkt 12 (P 7)** treffen sich die beiden Wege.

P7
24.1 km
2h

Benroth (www.benroth.de) wurde 1991 vom Land Nordrhein-Westfalen als Modelldorf „ökologisches Dorf der Zukunft" ausgewählt. Es lohnt sich, mit besonders wachen Augen durch das Dorf zu radeln (bzw. zu schieben, da die Straße teils steil bergauf führt). Die ökologisch orientierte Umgestaltung zeigt sich in neu geschaffenen Hecken, Feuchtbiotopen, Streuobstwiesen und Bruchsteinmauern. Sogar ein Weinberg ist entstanden. 2015 wurde Benroth beim Landeswettbewerb „Unser Dorf hat Zukunft" mit Gold und ein Jahr später mit Silber auf Bundesebene ausgezeichnet.

Nach Benroth passieren wir auf unserer „Überlandfahrt" Langenbach und Berkenroth. Bei der Abzweigung zum Gut Rottland fällt die monumentale Toreinfahrt ins Auge. Es folgen die Ortschaften Loch und Haan, wo uns der **Knotenpunkt 13** zeigt, dass wir auf dem richtigen Weg sind. Am Ortsrand

Aussichtsturm „Auf dem Lindchen"

Saftkelterei Weber

von Wirtenbach überqueren wir die L 38 und streifen in Grötzenberg erneut das Bröltal.

Im **pittoresken Dorf Bruch (P 8)** mit seinen malerischen Fachwerkhäusern beginnt der nächste Anstieg. Zum Glück ist das Ziel nicht mehr weit. Nach Distelkamp empfehle ich, die Fachwerkroute in einer lang gezogenen Linkskurve zu verlassen, um den Aussichtsturm „Auf dem Lindchen" und das Schloss Homburg in die Tour einzubinden. Wer auf der Fachwerkroute bleibt, spart drei Kilometer und fährt über Ödinghausen direkt nach Nümbrecht.

Auf einem Feldweg geht es vorbei an Pferdekoppeln und Viehweiden zur Abzweigung zum Turm. Der 2016 wiedereröffnete **Aussichtsturm „Auf dem Lindchen" (P 9)** ist 34 Meter hoch und bietet nach 154 Stufen einen fantastischen Rundumblick auf das Homburger Ländchen. Bei guter Fernsicht können wir das Sieben- und Rothaargebirge erkennen. Das nächste Ziel, Schloss Homburg, ist natürlich auch zu sehen.

P9
39.1 km
$3^{h}15^{min}$

Zurück auf dem Fahrrad biegen wir links ab und rollen auf der Heilklima-Walking-Strecke am Hang entlang zur Straße, die von Nümbrecht aus zum Schloss Homburg führt. Die Verbindungsstraße ist leider viel befahren, schmal und bergig. Doch den Abstecher zu **Schloss Homburg (P 10)** (www.schloss-homburg.de), dem Wahrzeichen des Oberbergischen Kreises, sollte man sich nicht entgehen lassen.

P10
41.0 km
$3^{h}25^{min}$

Schloss Homburg beherbergte über Jahrhunderte die Grafen von Sayn und Sayn-Wittgenstein. Heute befindet sich im Schloss ein modernes Museum mit kulturhistorischem und naturkundlichem Schwerpunkt. Beim Rundgang begegnen wir einem Schlossgespenst und erkunden die historische Burgküche mit ihrem riesigen Rauchfang. 1973 schrieb dieser Ort beim Staatsbesuch von Leonid Breschnew zur Unterzeichnung der Ostverträge Geschichte. Willy Brandt und sein sowjetischer Gast tafelten hier und genossen bei Spießbraten und Bier einen langen Abend. Mit Konzerten wie dem Klassik-Open-Air, Lesungen und Filmvorführungen hat sich Schloss Homburg zudem zum Ort für „Kultur im Dialog“ entwickelt.

Schloss Homburg

Zurück am **Parkplatz hinter dem Rathaus (P 1)** haben wir zum Abschluss unserer Tour die Qual der Wahl. Sah es unterwegs kulinarisch nicht rosig aus, bietet Nümbrecht eine Vielzahl gemütlicher Einkehrmöglichkeiten. Ein Bummel durch den schmucken Ortskern rundet die Tour ab. Und mit etwas Glück rollt eine Postkutsche an uns vorbei. Der Nachbau der kaiserlichen Postkutsche von anno 1870 verkehrt als Touristenattraktion zwischen Nümbrecht und Wiehl.

Rast in Nümbrecht

Fazit

Typisch „bergisch“ geht es im Wechsel bergauf und bergab durch die Hügellandschaft des Bergischen Landes. Dabei summieren sich die Höhenmeter. Im „Gewirr“ der Sträßchen gut auf die Ausschilderung achten! E-Biker haben klare Vorteile.

TourTipps

- Tourist-Info Nümbrecht, Hauptstraße 16, 51588 Nümbrecht, 02293/302302, www.nuembrecht.de

- Café Rotkehlchen in der Bäckerei Kraus, Hauptstraße 25, 51588 Nümbrecht, 02293/1714, www.baecker-kraus.de
- Dampflok, Benrother Straße 4, 51588 Nümbrecht-Benroth, 02295/1870
- Krahmer Scheune, Krahm 9, 51588 Nümbrecht-Krahm, 0151/40331400, www.krahmer-scheune.de.tl
- Pfannkuchenhaus, Hauptstraße 60, 51588 Nümbrecht, 02293/3530, www.pfannkuchen-haus.com
- Saftkelterei Weber, Lindscheid 1, 51588 Nümbrecht-Lindscheid, 02293/7208, www.webersaft.de
- Zur Alten Post, Humperdinckstraße 6, 51588 Nümbrecht-Marienberghausen, 02293/9118-0, www.hotelzuraltenpost.com

- Udo's Fahrrad-Shop, Brölstraße 77, 51545 Waldbröl, 02291/808081, www.udos-fahrrad-shop.de
- Zweirad Meister, Raabeweg 2, 51545 Waldbröl, 02291/8088233, www.zweirad-meister.de

- Schwimmbad Element, Mateh-Yehuda Straße 1, 51588 Nümbrecht, 02293/913065, www.nuembrecht.de
- Wiehler Wasserwelt, Mühlenstraße 23, 51674 Wiehl, 02262/97722, www.wiehler-wasser-welt.de

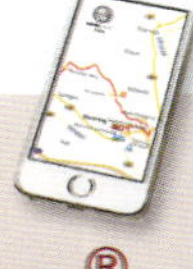

Tour Download: **BT4X215** (für GPS-Geräte)

Direkt in die App mit scan to go®

03 Dhünn-Runde

Es geht entlang der Wupper und auf der Balkantrasse vom Rheinufer ins Bergische Land. Während sich die Langstrecke in einer Schleife durch die Hügellandschaft zieht, geht es auf der Kurzstrecke direkt zum Altenberger Dom. Der Rückweg folgt dem Flusslauf der Dhünn.

Start/Ziel: Neulandbrücke (überspannt die Rheinallee) im Neuland-Park, Nobelstraße 91, 51373 Leverkusen

N 51° 02' 05.6" E 6° 58' 04.6"

Anfahrt: A 1 bis Kreuz Leverkusen-West, A 59 Richtung LEV-Zentrum folgen, im Kreisverkehr dritte Ausfahrt nehmen und links auf P&R Neuland-Park abbiegen. Mit dem Rad dem Radwegschild „Eingang Neulandbrücke 0,2 km" folgen.

Parkplatz: P&R Neuland-Park

Zug: NRW-Express RE 1, Rhein-Express RE 5 und S 6 bis Bahnhof Leverkusen-Mitte

Knotenpunkte:
22 - 23 - 11 - 24 - 25 - 29 - 40 - 32 - 49 - 62 - 63 - 18

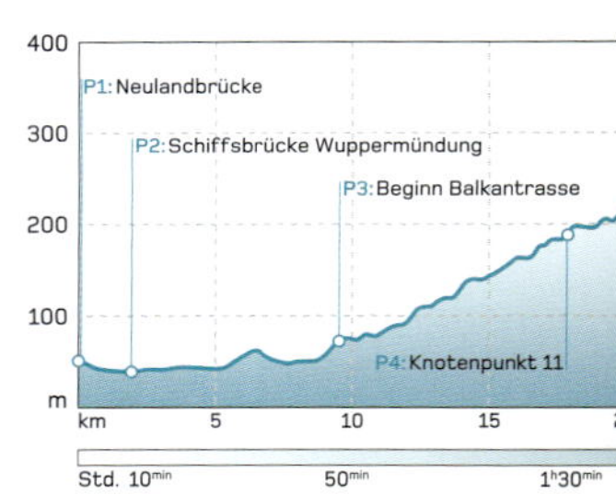

Variante kurz:

41.7 km — 3h 30min — 411 ↑ ↓ 411

69.3 km
5h 45min
869
869
Anspruch
Höhscheid
Widdert
Wupper
Burg
Hünger
Wermelskirchen
Café Wild!
P5
P6
P7
P8
P9
P4
Tente
Witzhelden
Dhünn
Hilgen
Pattscheid
Burscheid
Dabringhausen
Große Dhünntalsperre
Kleine Dhünn
Maria in der Aue
Märchenwald
Altenberger Dom
Blecher
Weiden
Mathildenhof
Glöbusch
Scheuren
Bechen
Schlebusch
Schloss Strauweiler
Odenthal
Industriemuseum Freudenthaler Sensenhammer
Dhünn
Eikamp
Wald-siedlung
Schildgen
Voiswinkel
2 km
Dhünn-Runde
Panorama-Radweg Balkantrasse
B 229
L 157
L 407
L 427
L 408
L 409
B 51
L 359
L 294
L 101
L 291
L 58
L 188
L 219
A 1
L 310
B 506
L 296
L 288
L 270
29
25
24
40
32
49
11
62
63
P5: Café Wild!
P6: Knotenpunkt 29
P7: Knotenpunkt 32
P8: Maria in der Aue
P9: Altenberger Dom
P10: Schloss Morsbroich
P11: BayArena
P1: Neulandbrücke
25
30
35
40
45
50
55
60
65
69,3
2h20min
2h40min
3h5min
3h50min
4h15min
5h20min
5h35min
5h45min

Himmlisch bergisch

Altenberger Dom

Start im Neuland-Park

Über die Schiffsbrücke

Wir fahren die **Dhünn-Runde** (www.dasbergische.de) am besten im Uhrzeigersinn. Damit nutzen wir die sanfte Steigung des Bahntrassenradweges **Balkantrasse** für den Anstieg von der Rheinebene ins Bergische Land. Als Ausgangspunkt bietet sich der Neuland-Park in Leverkusen an. Kaum zu glauben, hier befand sich einst eine Mülldeponie. Auf dem 25 Hektar großen Gelände sind im Rahmen der Landesgartenschau 2005 großzügige Rasenflächen, Themengärten und Spielplätze entstanden. Wir rollen von der **Neulandbrücke (P 1)** zum Rheinufer, wo wir am **Knotenpunkt 22** rechts abbiegen.

P1
Start

Nun radeln wir unter der maroden Leverkusener Autobahnbrücke hindurch. Im Gegensatz zu den gestressten Autofahrern auf der Brücke können wir die entspannte Flussstimmung mit den vorbeiziehenden Schiffen genießen. Ein Hingucker ist die aus den Schiffen Einigkeit, Recht und Freiheit bestehende **Schiffsbrücke (P 2)** (www.schiffsbruecke.com) (mit einem Café auf dem Mittelschiff) über die ehemalige Wuppermündung. Da sie nur am Wochenende geöffnet ist, führt der ausgeschilderte Radweg im Bogen um die Brücke herum.

P2
1.8 km
10 min

Anschließend fahren wir unter der A 59 hindurch und überqueren die Wupper. Nach dem **Knotenpunkt 23** führt die **Dhünn-Runde** auf dem Hochwasserdamm am Ortsrand von Rheindorf entlang. Nach Gut Reuschenberg folgt der Radweg einem malerischen Seitenarm der Wupper. In Opladen hat uns der Verkehr wieder. Wir rollen unter der A 3 hindurch und queren zwei Mal die Bonner Straße. Weiter geht es auf dem Gelände der jährlich stattfindenden Leverkusener Bierbörse am Wupperufer, bis wir uns vom Fluss verabschieden und rechts abbiegen. In einem Wohngebiet erreichen wir den Beginn des **Panorama-Radwegs Balkantrasse (P 3)** (www.balkantrasse.de).

P3
9.5 km
50min

Der Name bezieht sich auf den Zug, der fast 100 Jahre von Opladen nach Lennep fuhr und im Volksmund wegen seiner Geschwindigkeit Balkanexpress genannt wurde. Vom dicht besiedelten Rheinland führte die Bahnverbindung ins ländlich geprägte Bergische Land.

Dank der reizvollen Ausblicke auf Wald, Wiesen, ländliche Idylle sowie schmucke Häuser und Vorgärten ist die Fahrt kurzweilig. Die moderate Steigung der Balkantrasse führt dazu, dass wir recht entspannt von der Tiefebene ins Bergische Hügelland radeln. In Burscheid passieren wir nach dem VitalBad Burscheid (www.vitalbad-burscheid.de) den **Knotenpunkt 11 (P 4)**, an dem sich **Kurz-** und **Langstrecke** trennen.

P4
17.9 km
1h 30min

*Die **Kurzstrecke** folgt dem Dhünn-Radweg auf direktem Weg zum **Altenberger Dom (P 9)**. Wir verlassen die **Balkantrasse**, fahren unter der A 1 hindurch und werden an der viel befahrenen Kölner Straße entlanggelotst. Vor Blecher biegen wir links ab und rollen auf einer steilen Serpentinenabfahrt hinunter nach Altenberg. Obwohl die Serpentinen viele Motorradfahrer anlocken und der Verkehr speziell am Wochenende nervt, rate ich dazu, für die Abfahrt vom Radweg auf die Straße zu wechseln.*

Wer sich die **Langstrecke** vornimmt, bleibt auf dem **Panorama-Radweg Balkantrasse**. Der Radweg quert nach dem Alten

An der Wupperinsel

Fahrt auf der Balkantrasse

Bahnhof Burscheid (www.bahnhof-burscheid.de) die A 1, bevor uns in Hilgen ein Ampelmännchen über die B 51 lotst. In Wermelskirchen musste die Bahntrasse einer Straße weichen und die **Balkantrasse** führt auf öffentlichen Straßen durch die Stadt. Nach dem **Knotenpunkt 24** erreichen wir das Eiscafé Venezia, an dem sich die Straße gabelt. Ich empfehle, geradeaus den Berg hinunterzufahren. Am Markt bietet sich das **Café/Konditorei Wild! (P 5)** (www.echt-wild.de) für ein Päuschen an. Vom Café können wir den Blick auf die markante Stadtkirche und die schieferverkleideten Häuser genießen. Ein netter Fleck mit viel Atmosphäre.

P5
28.0 km
2h 20min

Beim **Knotenpunkt 25** sind wir zurück auf dem offiziellen Radweg, der am Ortsende in den nächsten Bahntrassenabschnitt mündet. Nach zwei Kilometern verlassen wir beim **Knotenpunkt 29 (P 6)**, dem höchsten Punkt der Strecke, den **Panorama-Radweg Balkantrasse** (Achtung, der Knotenpunkt ist nicht direkt am Radweg, sondern auf der Brücke ausgeschildert). Bis zum Altenberger Dom orientieren wir uns nun an der Ausschilderung des bekannten **Knotenpunktsystems** der **RadRegionRheinland** (www.radregionrheinland.de).

P6
31.5 km
2h 40min

Uns erwartet ein wildes Auf und Ab auf den Nebenstraßen des Bergischen Landes, vorbei an Wiesen, Feldern, Wäldchen und nett herausgeputzten Dörfern. Nach dem **Knotenpunkt 40** können wir uns auf die Abfahrtspassage nach Dhünn freuen. Beim **Knotenpunkt 32 (P 7)** sind wir in der Talsenke der Kleinen Dhünn angekommen. Auf die Abfahrt folgt ein anstrengender Anstieg durch ein Waldgebiet nach Kreckersweg. Der folgende straßenbegleitende Radweg entlang der L 101 ist nicht so prickelnd.

P7
36.9 km
3h 05min

Bergische Verkehrszeichen

Rast am Alten Bahnhof Burscheid

Haus Maria in der Aue

Wir passieren die Ortschaft Stumpf, den **Knotenpunkt 49** und kommen nach Dabringhausen. In Bremen verlassen wir schließlich die Hochfläche und sausen den Steilhang ins Dhünntal zum Tagungshotel **Haus Maria in der Aue (P 8)** (www.tagen.erzbistum-koeln.de) hinunter. Nach der dörflichen Idylle kommt uns das stattliche Gebäude fast unwirklich vor. Die riesige Panoramaterrasse liegt nahezu den ganzen Tag in der Sonne. Ein herrlicher Ort zum Verweilen. Der Blick schweift über die Wiese den Hang hinab auf das bewaldete Dhünntal.

Im Tal erreichen wir die Namensgeberin der Tour, den Fluss Dhünn. Betonpyramiden mit Flusskilometerangaben weisen den Weg bis zur Mündung. Nach der Fahrt über Bahntrasse und Hochfläche ist die Waldpassage entlang der Dhünn eine willkommene Abwechslung. Im Helenental befanden sich einst Mühlen, die Schwarzpulver herstellten.

Nach dem Schöllerhof folgen wir der L 101 ein paar Meter talaufwärts, bevor wir erneut in den Wald eintauchen. Achtung, der Weg ist nicht geteert! Bei Nässe ist auf den Holzbrücken und dem Waldboden besondere Vorsicht geboten.

Der Radweg führt nun am Märchenwald (www.maerchenwald-altenberg.de) vorbei. An über 20 Stationen werden die Märchen der Gebrüder Grimm lebendig. Kurz darauf erreichen wir den **Altenberger Dom (P 9)** (www.altenberger-dom.de), eines der bekanntesten Baudenkmäler des Bergischen Landes. Entsprechend touristisch geht es insbesondere am Wochenende zu. Der Dom ist das Ziel vieler Ausflügler und Pilger. Zur Abrundung des

Besuchs von Dom und Altenberger Klosterlandschaft empfohlen. Direkt nebenan verkauft die Töpferei Brodesser (www.toepferei-brodesser.de) bergische Butterdosen.

Der Altenberger Dom (www.altenberger-dom.de) ist die Kirche der ehemaligen Zisterzienser-Abtei Altenberg. Mit dem Bau wurde 1259 begonnen. Die Bezeichnung Dom stimmt jedoch nicht ganz, da die Kirche nie Bischofssitz war. Seit 1857 nutzen auf Anordnung des preußischen Königs die evangelische und die katholische Kirche das Gotteshaus gemeinsam. Ein besonderes Highlight ist das 8 mal 18 Meter große Westfenster. Zusammen mit den übrigen Glasflächen bietet es dem Innenraum so viel Licht, dass die Kirche auch Haus ohne Mauern genannt wird.

Zurück auf der **Dhünn-Runde** passieren wir den **Knotenpunkt 62** und rollen an der Altenberger-Dom-Straße entlang. Links erkennen wir das gelb gestrichene Schloss Strauweiler. Es gehört der Familie Sayn-Wittgenstein-Berleburg. Der Radweg streift Odenthal, dabei sind der historische Ortskern und die Kirche St. Pankratius, eine der ältesten Kirchen des Bergischen Landes, einen Abstecher wert. Entlang der Dhünn führt der Radweg zum **Knotenpunkt 63**. Über Felder und Wiesen hinweg (Achtung, bei Nässe kann der schmale, unbefestigte Weg matschig sein!) und längs der Odenthaler Straße erreichen wir Schlebusch.

Der Leverkusener Ortsteil bietet sich mit Cafés, Eisdielen und Gaststätten zur Einkehr an. Ein Abstecher führt uns zum Industriemuseum Freudenthaler Sensenhammer (www.sensenhammer.de, vorab die Öffnungszeiten googlen). In der letzten

„Doping" mit Bergischen Waffeln

Altenberger Dom

Schloss Morsbroich

Ausrollen auf dem Dhünn-Radweg

rheinischen Sensenfabrik erwartet uns eine Zeitreise in die Welt des 18. und 19. Jahrhunderts. Das gesamte Bauensemble umfasst Fabrikgebäude, Fabrikantenvilla, Arbeiterwohnhäuser, Stauteich und Wehranlage. Durch historische Landschaftsgärten ehemaliger Fabrikantenvillen radeln wir im Dhünntal dem nächsten Hingucker entgegen: **Schloss Morsbroich (P 10)** bietet ein Museum (www.museum-morsbroich.de) für Gegenwartskunst, Gastronomie und einen prächtigen Landschaftspark.

P10
63.7 km
5h 20min

Die Gegend wird nun immer städtischer, und wir erreichen nach Querung der A 3 die **BayArena (P 11)**, Spielstätte von Bayer Leverkusen (www.bayer04.de). Den Trubel vor oder nach den Spielen der Werkself sollte man tunlichst meiden und sich deshalb vorab über die Anstoßzeiten informieren. Vorbei am **Knotenpunkt 18**, entlang Stadtpark und Dhünn sowie diversen Bayer-Sportstätten fahren wir in Richtung Neuland-Park.

P11
66.5 km
5h 35min

Zurück an der **Neulandbrücke (P 1)** können wir die Tour auf der großen Aussichtsterrasse der Wacht am Rhein ausklingen lassen oder uns auf den Rasenflächen im Neuland-Park entspannen (www.diewachtamrhein.de).

P1/Ziel
69.3 km
5h 45min

Fazit

Die Abwechslung macht es. Die Tour kombiniert die Fahrt auf Bahntrasse und Flussradwegen. Dazu kommen herrliche Natur-, Kultur- und Genusserlebnisse. Einige Streckenpassagen führen über Forst- und Waldwege.

Tour Tipps

- i-Punkt Altenberger Dom, Eugen-Heinen-Platz 2, 51519 Odenthal-Altenberg, ✆ 02174/419-950, ⓘ www.odenthal-altenberg.de

- Alter Bahnhof Burscheid, Montanusstraße 15a, 51399 Burscheid, ✆ 02174/6639936, ⓘ www.bahnhof-burscheid.de
- Café Wild!, Markt 1, 42929 Wermelskirchen, ✆ 02196/4935, ⓘ www.echt-wild.de
- Herkenrath Hof, Bergische Landstraße 74-76, 51375 Leverkusen-Schlebusch, ✆ 0214/5006731, ⓘ www.herkenrath-hof.de
- Küchenhof, Carl-Mosterts-Straße 1, 51519 Odenthal-Altenberg, ✆ 02174/41413, ⓘ www.kuechenhof.com
- Maria in der Aue, In der Aue 1, 42929 Wermelskirchen, ✆ 02193/505-0, ⓘ www.tagen.erzbistum-koeln.de
- Postschänke, Hotel Zur Post, Altenberger-Dom-Straße 23, 51519 Odenthal, ✆ 02202/977780, ⓘ www.hotel-restaurant-zur-post.de
- Wacht am Rhein, Rheinallee 3, 51373 Leverkusen, ✆ 0214/50699881, ⓘ www.diewachtamrhein.de
- Waldhaus Römer, Düsseldorfer Straße 90, 51379 Leverkusen, ✆ 02171/3959001, ⓘ www.waldhaus-römer.de
- Wißkirchen, Am Rösberg 2, 51519 Odenthal-Altenberg, ✆ 02174/6718-0, ⓘ www.hotel-wisskirchen.de

- Campana, Industriestraße 53, 51399 Burscheid, ✆ 02174/61240, ⓘ www.campana-radsport.de
- Fahrradmarkt Leverkusen, Moosweg 4, 51377 Leverkusen, ✆ 0214/77910, ⓘ www.fahrradmarkt-leverkusen.de
- HIRO Bike, Alsenstraße 1a, 51373 Leverkusen, ✆ 0214/2060441, ⓘ www.hirobike-lev.de
- Pedale Zweiradhandel, Birkenbergstraße 30, 51379 Leverkusen, ✆ 02171/41899, ⓘ www.pedale-lev.de
- Zweirad Center Lambeck, Braunsberger Straße 2, 42929 Wermelskirchen, ✆ 02196/8989572, ⓘ www.zweirad-lambeck.de

- Freizeitbad CaLevornia, Bismarckstraße 182, 51373 Leverkusen, ✆ 0214/8307111, ⓘ www.calevornia.de
- Hallen- und Freibad Wiembachtal, Talstraße 62, 51379 Leverkusen, ✆ 02171/9449790, ⓘ www.bad-wiembachtal.de
- VitalBad Burscheid, Im Hagen 9, 51399 Burscheid, ✆ 02174/787870, ⓘ www.vitalbad-burscheid.de

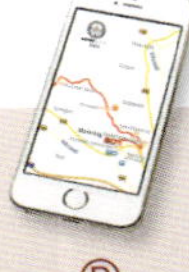

Tour Download: **BT4X315** (für GPS-Geräte)

Direkt in die App mit scan to go®

04 Wupper-Runde

Wir fahren im idyllischen Tal der Wupper bis Solingen-Burg, wo uns der Sessellift zu Schloss Burg befördert. Nach der Sengbachtalsperre erreichen wir den Panorama-Radweg Balkantrasse und kehren durch das romantische Murbachtal nach Leichlingen zurück.

Start/Ziel: Stadtpark Leichlingen, Neukirchener Straße, 42799 Leichlingen

N 51° 06‘ 17.5“ E 7° 00‘ 54.0“

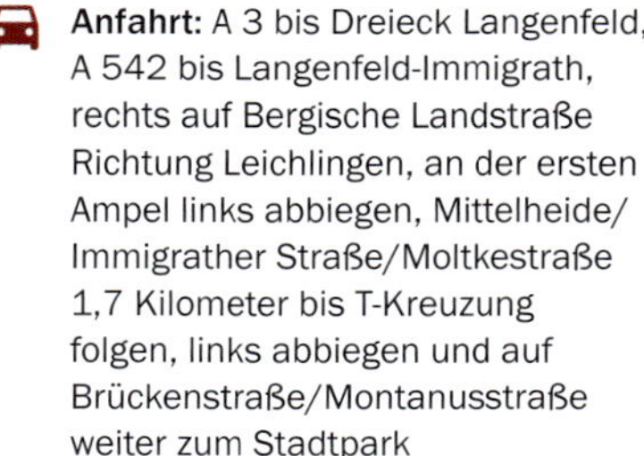

Anfahrt: A 3 bis Dreieck Langenfeld, A 542 bis Langenfeld-Immigrath, rechts auf Bergische Landstraße Richtung Leichlingen, an der ersten Ampel links abbiegen, Mittelheide/ Immigrather Straße/Moltkestraße 1,7 Kilometer bis T-Kreuzung folgen, links abbiegen und auf Brückenstraße/Montanusstraße weiter zum Stadtpark

Parkplatz: Parkplatz am Pastorat, Pastorat 1, 42799 Leichlingen

Zug: RB 48 Rhein-Wupper-Bahn bis Bahnhof Leichlingen, dort der Bahnhofstraße folgen, links auf die Montanusstraße Richtung Stadtpark abbiegen

Knotenpunkte: 4 - 5 - 15 - 11 - 10

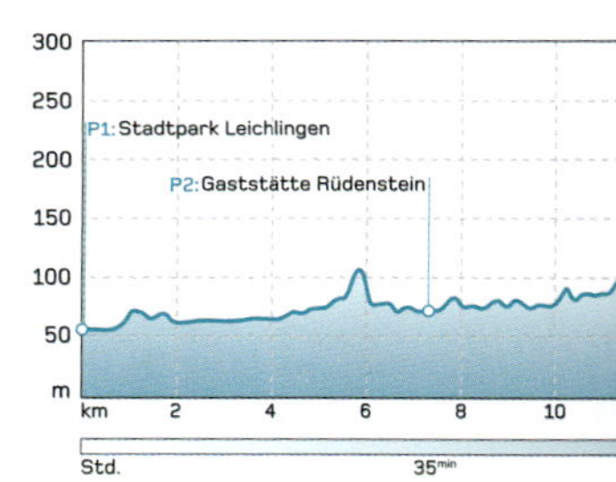

38.7 km	3h 15min	613 ↑	703 ↓	Anspruch

Burg und Tal

Seilbahnstation Burg

Wir beginnen die **Wupper-Runde** (www.dasbergische.de) in Leichlingen (www.leichlingen.de). Die „Blütenstadt" gilt als Obstkammer des Bergischen Landes. Es empfiehlt sich, die **Wupper-Runde** im Uhrzeigersinn zu fahren. Dank der Seilbahn Burg „sparen" wir neunzig Höhenmeter und die viel befahrene Straße von Unter- nach Oberburg. Vom **Stadtpark Leichlingen (P 1)** führt der Radweg durch zwei Kreisverkehre zum Ortsausgang. Auf der anderen Straßenseite liegt Schloss Eicherhof. Es befindet sich in Privatbesitz und kann nicht besichtigt werden. Nach drei Einrollkilometern entlang der Landesstraße zweigt die **Wupper-Runde** beim Haus Nesselrath ins Wuppertal ab.

P1 Start

Die Wupper wird heute liebevoll „Amazonas des Bergischen Landes" genannt. Es ist kaum zu glauben, dass der Fluss bis in die 1970er-Jahre zu den am stärksten verschmutzten Flüssen Europas zählte und ein totes, stinkendes Gewässer war. In Leichlinger Schulen gab es regelmäßig „stinkefrei". Von der Quelle bei Marienheide-Börlinghausen bis zur Mündung in den Rhein ist die Wupper 116 Kilometer lang, überwindet 430 Höhenmeter und beheimatet rund 32 Fischarten.

Wir können uns auf einen der schönsten Wupperabschnitte freuen. Uns erwartet Natur pur mit herrlichen Ausblicken auf die renaturierte Flusslandschaft, einladende Gastronomie und ein Blick in die Industriegeschichte mit Mühlen und Hämmern. Auf der anderen Uferseite liegt das Industriedenkmal Wipperkotten (schleiferei-wipperkotten.de).

Im 14. Jahrhundert entwickelte sich Solingen zu einem Zentrum der Klingenherstellung. In den Bach- und Flusstälern entstanden die Arbeitsstätten der Schleifer. Der Wipperkotten wurde 1605 erstmals urkundlich erwähnt und ist der Letzte von ehemals 120 wassergetriebenen Schleifkotten. Im original erhaltenen Kotten wird nach wie vor produziert und geschliffen. Der Wipperkotten ist von April bis Oktober jeden 1. und 3. Sonntag von 14 bis 16 Uhr geöffnet.

P2
7.3 km
35min

Vor dem idyllisch gelegenen Rosendorf Rüden wechseln wir auf die andere Wupperseite. Der Ort Rüden besteht aus zwei Ortsteilen. In Untenrüden lockt das Haus Rüden (www.hausrüden.de) zu einer ersten Einkehr und in Obenrüden die am Wupperufer gelegene **Gaststätte Rüdenstein (P 2)** (www.ruedenstein.de). Der Name bezieht sich auf ein 1927 auf der anderen Wupperseite enthülltes Denkmal, das einen bellenden Hund zeigt. Der Rüde rettete einer Legende nach 1424 dem Herzog von Berg nach einem Reitunfall durch sein Gebell das Leben.

P3
11.9 km
1h

Im engen Tal der Wupper queren wir anschließend die L 427. Auf der anderen Flussseite liegt das Alte Zollhaus Wupperhof. Nach 2,5 Kilometern folgt das **Schleifermuseum Balkhauser Kotten (P 3)** (www.balkhauser-kotten.de). Das Gebäude wurde nach einem Brand im Fachwerkstil des 18. Jahrhunderts wieder errichtet. Der Besuch des liebevoll gestalteten Museums mit Kottenlädchen und Gastronomie lohnt sich!

Da die Wupperbrücke beim Tierheim Strohn längerfristig gesperrt ist, bleiben wir beim Waldcamping Glüder auf der nördlichen Wupperseite. Die Umleitungsstrecke führt auf einem Waldweg am steilen Wupperhang entlang. Bei Nässe ist besondere Vor-

Am Wupperufer entlang

Brezelbäcker Denkmal

sicht geboten. Offiziell ist der Streckenabschnitt wegen fehlender Absturzsicherung als Schiebestrecke deklariert. Zurück an der Wupper erreichen wir auf dem unbefestigten Uferweg Unterburg.

P4
16.1 km
1h 20min

Dort lohnt sich die Fahrt mit der **Seilbahn Burg (P 4)** vom Tal der Wupper zur bergischen Grafenresidenz Schloss Burg. Der 250 Meter lange Sessellift (www.seilbahn-burg.de) spart uns 91 Höhenmeter und die Abgase auf dem engen Bürgersteig der Serpentinenstraße von Unter- nach Oberburg (Ausschilderung **Wupper-Runde** entlang der Straße). Zum Glück ist (allerdings nur bergauf!) der Transport von Fahrrädern bis 20 kg möglich. Akkus und Gepäck sind abzunehmen. Rund um Schloss Burg lockt die Ausflugsgastronomie. Den Besuch von Schloss Burg sollten wir uns nicht entgehen lassen. (www.schlossburg.de)

Schloss Burg entstand unter dem Namen Neuenberge im 12. Jahrhundert als Stammsitz der Grafen zu Berg. Nach ihrer Zerstörung im Dreißigjährigen Krieg wurde die Burg im 19. Jahrhundert als Höhenburg wiederaufgebaut. Schloss Burg ist die größte rekonstruierte Burganlage in Nordrhein-Westfalen. Das Aushängeschild der Region wird, soweit möglich, bei laufendem Betrieb für über 30 Millionen Euro bis ca. 2024 komplett saniert.

P5
17.5 km
1h 30min

Anschließend erreichen wir nach einem kurzen Anstieg den **Knotenpunkt 4 (P 5)**. Hier verabschieden wir uns vorübergehend von der **Wupper-Runde**. Der Schlenker zur Sengbachtalsperre ist schöner als die Route über Wermelskirchen. An Tennisplatz und Reiterhof vorbei passieren wir **Knotenpunkt 5** und radeln geradeaus weiter nach Höhrath. In der Kartoffel-Kiste (www.kartoffel-kiste.de) wird die Tradition der Bergischen Kaffeetafel „mit allem dröm on dran“ gepflegt – ein „Pflichtstopp“.

Schieferhaus in Burg

Die Bergische Kaffeetafel ist Ausdruck der besonderen Gastfreundschaft. Der Gast wird mit „allem“ verwöhnt, was Küche und Speisekammer hergeben. Traditionell besteht das Gedeck aus Waffeln mit Zimt und Zucker, Milchreis, Schwarzbrot oder Pumpernickel mit Butter, Honig und Quark, zum Teil Fruchtkompott und Rote Grütze, erweitert um Käse und Wurst. Dazu Kaffee aus der Königin der Kaffeetafel, der Dröppelminna, und zum Abschluss ein Korn.

P6
20.7 km
1h 45min

In Schleifen geht es zur **Sengbachtalsperre (P 6)**. Wir erreichen die Wasserfläche zwar nicht ganz, dafür können wir den imposanten Blick auf die Vorsperre von einer Waldlichtung aus genießen. Nach der Abfahrt folgt ein Anstieg. Wir fahren unter dem Autobahnviadukt der A 1 hindurch und mühen uns im reizvollen Brucher Bachtal hinauf nach Hilgen. Zum Glück der letzte nennenswerte Anstieg.

P7
24.3 km
2h

Im Zentrum passieren wir den **Knotenpunkt 15** und dürfen am Ortsausgang den Abzweig auf den **Panorama-Radweg Balkantrasse (P 7)** nicht verpassen.

Schloss Burg

Bergstation Oberburg

Wir sind nun wieder zurück auf der **Wupper-Runde**. Wer **Tour 3** gefahren ist, kennt den Bahntrassenradweg nach Burscheid bereits aus der Gegenrichtung. Nach den Schotter- und Waldwegen tut die entspannte Fahrt auf der breiten „Radautobahn" gut. Zudem geht es gemütlich bergab. Der Alte Bahnhof Burscheid (www.bahnhof-burscheid.de), der **Knotenpunkt 11** und das VitalBad Burscheid (www.vitalbad-burscheid.de) ziehen an uns vorüber. Doch aufgepasst, auf Höhe Romberg zweigt die **Wupper-Runde (P 8)** von der Balkantrasse ab. Nach einer Schleife und einem Stück Landstraße, folgt eine steile Abfahrt (gut aufpassen!) zur Diepentalsperre, wo wir an der Hauptsperre nach links abbiegen.

Die kleine, Anfang des 20. Jahrhunderts gebaute Diepentalsperre ist landesweit die einzige private Talsperre. Das verwaiste Freizeitgelände an der Talsperre soll zukünftig mit Naturschwimbad, Wellneshotel, Gasthaus und Biergarten wiederbelebt werden. Nach der Staumauer folgen wir dem Murbach und kommen am Ausflugslokal Wietsche Mühle vorbei.

Mit dem **SinnesWald (P 9)** (www.sinneswald.net) erreichen wir einen „Ausstellungsraum“ in freier Natur.

Zu verdanken ist dies Wicze Braun und Wolfgang Brudes. Neben der jährlich wechselnden Ausstellung von Skulpturen finden Lesungen, Musik, Tanz, Theater, Konzerte, Kino, kurz Kultur verschiedenster Art im Murbachtal statt. Jedes Jahr steht unter einem neuen Thema. Die zentrale Ausstellungsfläche in freier Natur ist das Gelände des Mühlenteiches und des angrenzenden ehemaligen Steinbruchs.

Noch beeindruckt vom SinnesWald, erreichen wir den Leichlinger Ortsteil Balken und den **Knotenpunkt 10**. Wir rollen am Sportzentrum Balker Aue vorbei zum Wupperufer. Entlang des Flusses und des Naturlehrpfads Untere Wupper führt der Radweg ins Ortszentrum und zu unserem Ausgangspunkt am **Stadtpark Leichlingen (P 1)**. In unmittelbarer Nähe finden sich Cafés, Eisdielen und Lokale, um die Tour in aller Ruhe Revue passieren zu lassen.

SinnesWald Leichlingen

Eine Tour zum Genießen, sei es am Wupperufer, auf dem Sessellift zum Schloss Burg oder im Sinneswald. Die Tour bietet Natur-, Kultur- und Genusserlebnisse par excellence. Die Strecke ist nicht komplett asphaltiert und daher etwas für Schönwettertage.

TourTipps

- Tourist-Info Bergisches Land, Kölner Straße 8, 42651 Solingen, 0212/88160660, www.bergisch-mal-drei.de

- Alte Kunst Café, Schloßbergstraße 8, 42659 Solingen-Unterburg, 0212/24929549,
- Alter Bahnhof Burscheid, Montanusstraße 15a, 51399 Burscheid, 02174/6639936, www.bahnhof-burscheid.de
- Brauhaus Aloysianum, Am Bahnhof 1, 42799 Leichlingen, 02175/1806170, www.brauhaus-aloysianum.de
- Café Kränzchen, Neukirchener Straße 68, 42799 Leichlingen, 02175/1660167, www.cafe-kraenzchen-roesterei.de
- Café Meyer, Schloßbergstraße 4, 42659 Solingen-Unterburg, 0212/2443275, www.cafe-meyer.de
- Gaststätte Rüdenstein, Obenrüden 72, 42657 Solingen-Obenrüden, 0212/812314, www.ruedenstein.de
- Haus Rüden, Untenrüden 39, 42657 Solingen-Untenrüden, 0212/818658, www.hausrüden.de
- Kartoffel-Kiste, Höhrath 150, 42659 Solingen-Burg, 02196/1237, www.kartoffelkiste.de
- Kottenlädchen im Balkhauser Kotten, Balkhauser Kotten 2, 42659 Solingen, www.balkhauser-kotten.de
- Zur schönen Aussicht, Schloßplatz 9, 42659 Solingen-Oberburg, 0212/41093, www.zur-schoenen-aussicht-solingen.de

- Campana, Industriestraße 53, 51399 Burscheid, 02174/61240, www.campanaradsport.de

- Blütenbad Leichlingen, Am Büscherhof 45, 42799 Leichlingen, 02175/3900, www.bluetenbad.com
- VitalBad Burscheid, Im Hagen 9, 51399 Burscheid, 02174/787870, www.vitalbad-burscheid.de

Tour Download: **BT4X415** (für GPS-Geräte)

Direkt in die App mit scan to go®

05 Wasserquintett

Die Radroute Wasserquintett verbindet die Städte Wipperfürth, Radevormwald und Hückeswagen. Wir fahren entlang der Wupper und über die Höhenzüge des Bergischen Landes. Die Langstrecke bietet einen zusätzlichen Abstecher zum Wülfing-Museum und dem Museumsbahnhof Dahlhausen.

Start/Ziel: Parkplatz Ohler Wiesen, Wupperstraße 11, Wipperfürth

N 51° 07' 12.7" E 7° 24' 00.7"

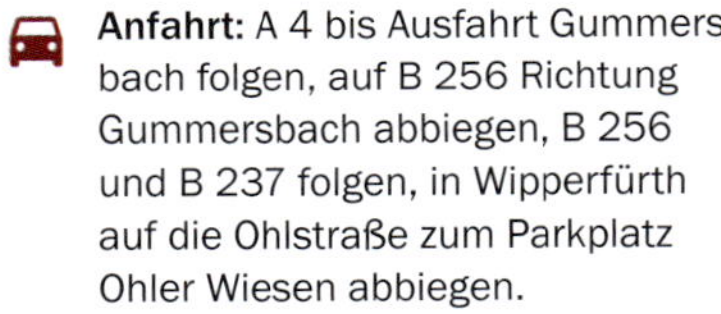

Anfahrt: A 4 bis Ausfahrt Gummersbach folgen, auf B 256 Richtung Gummersbach abbiegen, B 256 und B 237 folgen, in Wipperfürth auf die Ohlstraße zum Parkplatz Ohler Wiesen abbiegen.

Parkplatz: Siehe Start/Ziel

Zug: Der Bahnhof Marienheide ist ca. 4 km vom Knotenpunkt 90 entfernt, alternativ Bergischer FahrradBus von Lev-Opladen über Wipperfürth nach Marienheide

Knotenpunkte:
85 - 79 - 90 - 20 - 91 - 1 - 92 - 93 - 95 - 94 - 83 - 84 - 86

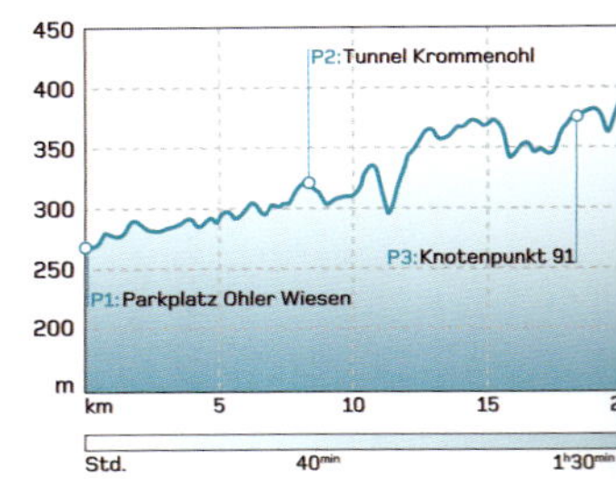

Variante kurz:

56.1 km | 4h 40min | 890 ↑ ↓ 890

69.9
km
5h 50min
1194
1194
Anspruch
R2
wasserquintett
2 km
B 483
Uelfebad
P4 Rokoko-Gartenhaus
95
Radevormwald
93
Schwenke
L 528
B 229
Halver
L 892
Oberbrügge
92
B 483
L 528
B 54
Bever-
talsperre
1
L 284
Anschlag
Volme
83
91
P3
Kreuzberg
Neye-
talsperre
P9 Schloss Hückeswagen
84
Schevelinger
Talsperre
L 528
B 237
Neye
Kierspe
Kerspe-
talsperre
Wupper
85
86
79
B 237
B 237
Parkplatz Ohler Wiesen P1
Villa Ohl/
Pulvermuseum
20
Rönsahl
Historische
Brennerei
Wipperfürth
L 284
Tunnel Krommenohl P2
90
B 256
L 286
89
Zuweg für Bahnfahrer
Gogarten
Wipper
Thier
L 302
Marienheide
Bahnhof Marienheide
P4: Rokoko-Gartenhaus
P8: Knotenpunkt 94
P7: Panzertalsperre
P1: Parkplatz Ohler Wiesen
P5: Wülfing-Museum
P9: Schloss Hückeswagen
P6: Museumsbahnhof Dahlhausen
25
30
35
40
45
50
55
60
65
69,9
2h55min
3h30min
3h40min
4h15min
4h30min
5h10min
5h50min

An der Wupper-Talsperre

Wipperfürth (www.tourismus.wipperfuerth.de) gilt als älteste Stadt im Bergischen Land und feierte 2017 das 800-jährige Stadtjubiläum. Die Stadt lag im Mittelalter am Schnittpunkt zweier Handelswege, entwickelte sich zur Hansestadt und war bekannt für ihre Stoffe. Die Wupper, im Oberlauf Wipper genannt, ist Namensgeberin der Stadt. Wir starten am **Parkplatz Ohler Wiesen (P 1)**, der am Wupperufer liegt. Unmittelbar neben dem Parkplatz treffen wir beim **Knotenpunkt 85** auf die **Radroute Wasserquintett** (www.dasbergische.de). Es empfiehlt sich, die Tour gegen den Uhrzeigersinn zu fahren. Damit liegen der Hauptanstieg und die gastronomiearme Streckenpassage Wipperfürth–Radevormwald in der ersten Streckenhälfte.

P1
Start

Für den Oberbergischen Kreis hat Wasser eine besondere Bedeutung. Die Wupper zieht sich als Lebensader durch den wald- und wiesenreichen Landstrich. Hinzu kommt eine in Europa einmalige Talsperrendichte. Das Thema Wasser und die fünf Talsperren der Region sind Namensgeber der Radroute Wasserquintett. Der Radweg besteht aus West- und Ostschleife. Unsere Tour beschränkt sich auf die Westschleife.

Nach der Freizeitanlage Ohler Wiesen mit Fußballplatz und Aussichtsplattform sowie dem **Knotenpunkt 79** verlassen wir Wipperfürth. Am Ortsende bieten sich der Wupperbalkon Leiersmühle und die benachbarte Vogelbeobachtungsstation für einen Abstecher an. Auf der ehemaligen Bahntrasse der Wippertalbahn, die von Remscheid nach Marienheide führte, rollen wir an ehemaligen Bahnstationen vorbei durch das weite Tal. Die Trasse ist Teil des **Bergischen Panorama-Radwegs** (siehe **Tour 6** und **7**) und bietet ein ideales Terrain zum Einrollen.

In Ohl kann man einen Abstecher zum Schwarzpulvermuseum (www.pulvermuseum.info, sonntags von 14.00 bis 17.00 Uhr geöffnet) unternehmen. In der Villa Ohl wird die Geschichte des „schwarzen Goldes“ nacherzählt. Auf Ohl folgt der **Tunnel Krommenohl (P 2)** und unmittelbar nach dem Tunnelausgang der **Knotenpunkt 90**. Hier verlassen wir den **Bergischen Panorama-Radweg** und biegen auf die Westschleife der **Radroute Wasserquintett** ab. Wer mit der Bahn oder dem FahrradBus anreist, steigt hier, von Marienheide kommend, in die

P2
8.2 km
40min

Im Bergischen Hügelland

Schon „am Anschlag“?

Tour ein. Wir queren die viel befahrene B 256 und haben nach einer 180-Grad-Kehre ein Stück Waldweg zu bewältigen (bei Nässe ist Vorsicht geboten!).

Sodann passieren wir in Rönsahl den **Knotenpunkt 20** und kommen an der historischen Brennerei und Brauerei Rönsahl vorbei. Nun beginnt der anstrengende Teil der Tour mit viel Auf und Ab im Bergischen Hügelland. Von Weitem erhaschen wir einen Blick auf die Kerspetalsperre. Anschließend dient der weithin sichtbare Kirchturm von Kreuzberg als Orientierungspunkt. Mit einigen Höhenmetern in den Beinen erreichen wir schließlich den **Knotenpunkt 91 (P 3)** am Ortsrand von Kreuzberg. Der Ort zählt zu den sieben Wipperfürther Kirchdörfern.

Auf der Ortsverbindungsstraße geht es weiter nach Anschlag, wo unser Radweg beim **Knotenpunkt 1** links abknickt. Hoffentlich sind wir in Anschlag noch nicht „am Anschlag“. Die Strecke führt nun über die Bergische Hochfläche. Im Gewirr der Sträßchen und Streusiedlungen passieren wir in Hohenplanken den **Knotenpunkt 92** und erreichen schließlich die B 229. Der Radweg zieht sich entlang der Bundesstraße vorbei am **Knotenpunkt 93** nach Radevormwald, der „Stadt auf der Höhe“. Beim **Knotenpunkt 95**

Wülfing-Museum

Im Maschinenraum

Rast am Uelfebad

führt uns der Radweg rechts um den Ortskern herum. Bei der **Abzweigung am Rokoko-Gartenhaus (P 4)** können wir zwischen **Kurz-** und **Langstrecke** wählen.

P4
34.7 km
2h 55min

*Auf der **Kurzstrecke** folgen wir der **Radroute Wasserquintett** auf der Trasse der ehemaligen Bergerhofer Bahn den steilen Hang hinunter zur Wupper-Talsperre. Der Bahntrassenweg führt am Ferienpark Kräwinkel vorbei und mündet nach einer Serpentinenkurve in die L 412. Spektakulär geht es auf der Kräwinkler Brücke über die Wupper-Talsperre zum **Knotenpunkt 94 (P 8)** an der Dörperhöhe.*

Die **Langstrecke** nutzt ab dem Rokoko-Gartenhaus den **Radweg R 2** (www.dasbergische.de). Auf einer steilen Abfahrt geht es zum Uelfebad. Das Naturwasserfreibad in der kleinsten Talsperre Deutschlands wurde 1955 geschlossen. Geblieben ist ein romantischer See, der im Winter als Natureisbahn dient. Anschließend rollen wir auf der Uelfe-Wuppertal-Straße (Achtung: Es ist kein straßenbegleitender Radweg vorhanden) der Wupper entgegen. In Dahlhausen sind wir in den Wupperortschaften angekommen und erreichen beim Bahnhof Dahlerau den nörd-

Am „Bergischen Amazonas“

P5
41.5 km
3h 30min

lichen Wendepunkt der Tour. Bevor wir uns auf den Rückweg begeben, lohnt sich ein Abstecher zum **Wülfing-Museum (P 5)** (www.wuelfing-museum.de, sonntags geöffnet).

Das Bergische Land war einst das Zentrum der deutschen Textilindustrie. Die Tuchfabrik Johann Wülfing & Sohn bestand von 1815 bis 1996. Von der 181-jährigen Geschichte und einer Marke mit Weltruf sind die eindrucksvollen Fabrikgebäude geblieben. Früher bildete die Textilfabrik mit Wohnhäusern, Kindergarten, Schule, Lebensmittelgeschäft, Elektrizitätswerk und Kirche eine Stadt für sich. Im Museum erleben wir die verschiedenen Arbeitsschritte einer Volltuchfabrik. Dabei kommt es uns so vor, als könnten die Weber und Tuchmacher jeden Augenblick an ihre Arbeitsplätze zurückkehren. Herzstück des Fabrikgebäudes ist die 500 PS starke Dampfmaschine in der prächtigen Maschinenhalle.

P6
43.8 km
3h 40min

Entlang des Wupperufers und der Draisinenstrecke Beyenburg-Wilhelmstal (www.wuppertrail.de) fahren wir durch das enge Tal. Nächster Hingucker ist der **Museumsbahnhof Dahlhausen (P 6)** (nicht zu verwechseln mit dem Eisenbahnmuseum Bochum-Dahlhausen, siehe **Tour 7**). Auf den Bahngleisen stehen mehrere nostalgische Eisenbahnzüge und eine imposante Dampflokomotive. Nach einem Bahnviadukt führt der **Radweg R 2** im Bogen über einen Hangrücken zurück an den „Bergischen Amazonas". Bei Nässe ist auf dem unbefestigten Streckenabschnitt Vorsicht geboten!

In Wilhelmstal haben wir wieder Asphalt unter den Reifen. Ein Prellbock markiert das Ende der ehemaligen Bahnlinie. Anschließend erreichen wir die Staumauer der Wupper-Talsperre. In einem Bogen arbeiten wir uns zur Dammkrone hinauf und können den Ausblick über die weite Wasserfläche genießen. Die Wupper-Talsperre wurde 1987 fertiggestellt und ist ein beliebter Freizeitsee. Im Gegensatz zu den umliegenden Talsperren darf man baden und den See mit unmotorisierten Booten befahren.

P7
50.6 km
4h 15min

Der **Radweg R 2** führt sodann an der Lenneper Bach-Vorsperre vorbei und unter der B 229 hindurch. Nun haben wir den Anstieg zur idyllisch gelegenen **Panzer-Talsperre (P 7)** vor der Brust, wo

Museumsbahnhof Dahlhausen

Blick auf die Wupper-Talsperre

In Hückeswagen

Das „Rothenburg ob der Wupper“

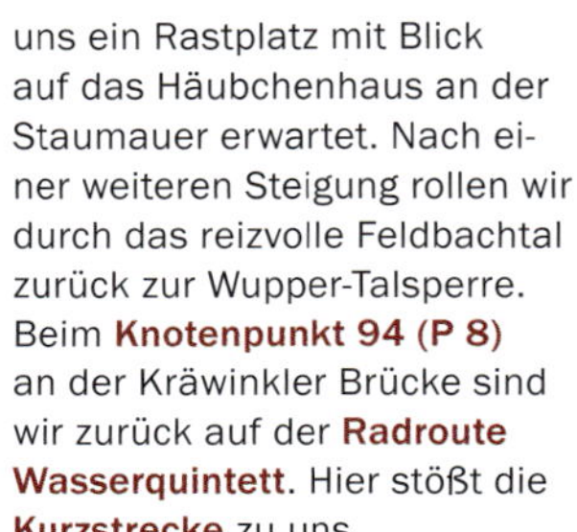

uns ein Rastplatz mit Blick auf das Häubchenhaus an der Staumauer erwartet. Nach einer weiteren Steigung rollen wir durch das reizvolle Feldbachtal zurück zur Wupper-Talsperre.

P8 53.9 km 4h 30min

Beim **Knotenpunkt 94 (P 8)** an der Kräwinkler Brücke sind wir zurück auf der **Radroute Wasserquintett**. Hier stößt die **Kurzstrecke** zu uns.

Ein Hauch von Berlin

Die Wassersport- und Freizeitanlage Kräwinkler Brücke (www.freizeitpark-kraewi.de) lockt im Sommer zu einem Sprung ins Wasser. Es folgt eine Bilderbuchstrecke entlang der Wupper-Talsperre mit fantastischen Aussichtspunkten. Nach dem Anstieg nach Dürhagen erreichen wir am Ortseingang von Hückeswagen den Bergischen Kreisel mit dem **Knotenpunkt 83**. Hier treffen wir auf den **Bergischen Panorama-Radweg**.

P9 62.1 km 5h 10min

Ein Abstecher in die Altstadt von Hückeswagen, das „Rothenburg ob der Wupper“, lohnt sich (www.hueckeswagen.de). Der historische Stadtkern bildet mit seinen über 150 denkmalgeschützten Häusern und dem schönen **Schloss Hückeswagen (P 9)** ein herrliches Bauensemble. Die alten Schieferhäuser zeugen vom einstigen Reichtum der Stadt. Die nicht industrielle Tuchherstellung in Form der Hausweberei besaß Weltruf.

P1/Ziel 69.9 km 5h 50min

Nach dem Bummel durch die Altstadt ist die restliche Strecke wie geschaffen zum entspannten Ausrollen. Wir passieren den **Knotenpunkt 84** und erreichen beim Flugplatz Neye die Stadtgrenze von Wipperfürth. Nach dem **Knotenpunkt 86** und der alten Drahtzieherei sind wir zurück am **Parkplatz Ohler Wiesen (P 1)**. Zum Ausklang können wir auf den Ohler Wiesen entspannen oder die Gastronomie am Marktplatz aufsuchen.

Fazit

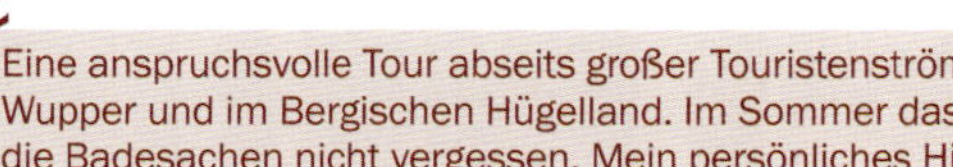

Eine anspruchsvolle Tour abseits großer Touristenströme entlang der Wupper und im Bergischen Hügelland. Im Sommer das Strandtuch und die Badesachen nicht vergessen. Mein persönliches Highlight ist die Fahrt entlang der Wupper-Talsperre.

TourTipps

- Tourist-Info Wipperfürth, Marktplatz 1 und Marktplatz 15, 51688 Wipperfürth, 02267/64-303, www.tourismus.wipperfuerth.de

- Am Matt, Markt 12, 42477 Radevormwald, 02195/677099, www.am-matt.com
- Brauhaus Wipperfürth, Marktplatz 12, 51688 Wipperfürth, 02267/829501, www.brauhauswipperfuerth.de
- Café-Bistro bei Sandra, Islandstraße 35, 42499 Hückeswagen, 02192/9372087
- Hansecafé am Markt, Marktplatz 5, 51688 Wipperfürth, 02267/871591, www.hansecafe.de
- Restaurant Uelfetal, Uelfebad 1, 42477 Radevormwald, 02195/1210, www.uelfebad.de
- Zornige Ameise, Großberghausen 2, 42499 Hückeswagen, 02192/4286, www.zornige-ameise.com

- Radstation Hückeswagen Bike-tec-sports, Bahnhofsplatz 16, 42499 Hückeswagen, 02192/9173830, www.radstation-hueckeswagen.de
- RR-Bikes, Egener Straße 11, 51688 Wipperfürth, 02267/6550868, www.rr-bikes.de

- life-ness Freizeitbad, Carl-Diem-Straße 33, 42477 Radevormwald, 02195/9162-0, www.life-ness.de
- Wassersport- und Freizeitanlage Kräwinkler Brücke, Kräwinklerbrücke 1, 42897 Remscheid, 02191/9330671, www.freizeitpark-kraewi.de

Panzertalsperre

Tour Download: **BT4X515** (für GPS-Geräte)

Direkt in die App mit scan to go®

06 Panorama-Radwege

Die Tour kombiniert den Bergischen Panorama-Radweg und den Panorama-Radweg Balkantrasse. Die Kinderstrecke beschränkt sich auf Wuppertal. Die Kurzstrecke nutzt die S 7 ab Lennep für die Rückfahrt.

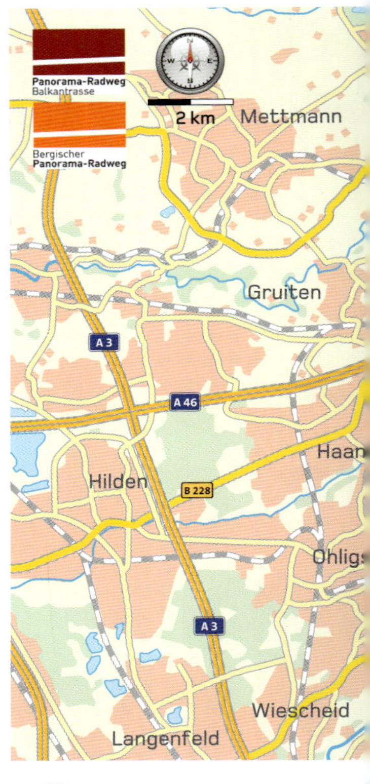

Start/Ziel: Bahnhof Wuppertal-Oberbarmen, Rittershauser Brücke 15, 42277 Wuppertal

N 51° 16' 27.3" E 7° 13' 18.0"

Anfahrt: A 1 bis Ausfahrt 93 Wuppertal-Langerfeld, B 7 Richtung Wuppertal folgen, in Oberbarmen am Berliner Platz links abbiegen

Parkplatz: P&R Rittershauser Platz, Höfen, 42277 Wuppertal, 200 m vom Bahnhof Wuppertal-Oberbarmen

Zug: RE 4, RE 7, RE 13, RB 48, S 7 und S 8 bis Bahnhof Wuppertal-Oberbarmen

Knotenpunkte: 4 - 5 - 24 - 25 - 28

Variante kurz:

55.1 km 4h 35min 850 ↑ ↓ 768

Variante Kinder:

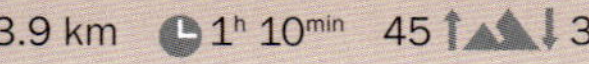

13.9 km 1h 10min 45 ↑ ↓ 33

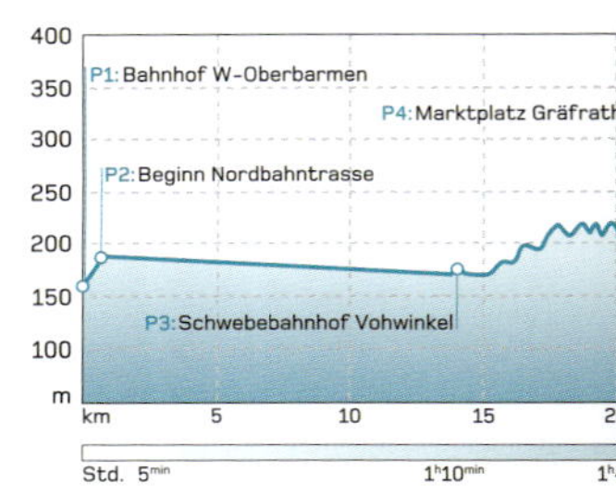

71.5	6h	1027		1117	Anspruch
km		↑		↓	

06

Bahn frei

Die Wuppertaler Schwebebahn

Auf der Nordbahntrasse

Trassencafé

P1 Start

Wir starten am **Bahnhof Wuppertal-Oberbarmen (P 1)**. Neben dem Bahnhof überspannen die Stützträger der Hochbahn die Wupper, und die Schwebebahn (www.schwebebahn.de), das Wahrzeichen Wuppertals, saust über unsere Köpfe hinweg.

Die Schwebebahn gilt als technische Pionierleistung. Sie schaukelt und schwingt seit 1901 auf der 13,3 km langen Strecke von Vohwinkel nach Oberbarmen. Unvergessen ist eine Anekdote aus dem Jahr 1950. Damals sprang im Zuge einer Promotionaktion die Zirkuselefantendame Tuffi aus dem fahrenden Zug in die Wupper. Der Elefant durchbrach in Panik die Seitenwand des Wagens 13, überstand den 10-Meter-Sturz in den Fluss nahezu unbeschadet und konnte am Abend im Zirkus auftreten.

P2 0.7 km 5min

Vom Berliner Platz folgen wir dem **Panorama-Radweg Balkantrasse** (www.balkantrasse.de) die steile Langobardenstraße hinauf zum ehemaligen Bahnhof Wichlinghausen, wo wir auf die **Nordbahntrasse (P 2)** (www.wuppertalbewegung.de) stoßen. Die Nordbahn wurde von 2006 bis 2014 in einen Fuß-, Rad- und Skaterweg umgebaut. Der Bahntrassenradweg führt durch zahlreiche Tunnel und über Brücken hinweg mitten durch Wuppertal. Die Nordbahntrasse ist Teil des **Bergischen Panorama-Radweges** (www.dasbergische.de), der das Ruhrgebiet mit dem Bergischen Land (siehe **Tour 7**) verbindet.

Die Trasse bietet viele Besonderheiten. In den ehemaligen Bahnhöfen erwarten uns Cafés, Restaurants und Szenelokale. Die Wichernkapelle beim ehemaligen Bahnhof Wichlinghausen ist

Marktplatz Gräfrath

Deutsches Klingenmuseum

die erste Radwegkapelle im Rheinland. Die Tunnel der Nordbahn sind mit LED-Technik verschiedenfarbig ausgeleuchtet. Weitere Attraktionen sind die 1,6 Kilometer lange Draisinenstrecke am Bahnhof Loh und die Legobrücke des Künstlers Martin Heuwold. Ein Abstecher führt von der Trasse zu Schloss Lüntenbeck. Die Nordbahntrasse endet am Bahnhof Wuppertal-Vohwinkel. Ein paar Meter weiter erreichen wir den **Schwebebahnhof Vohwinkel (P 3)**.

P3
13.9 km
$1^{h}10^{min}$

Für Kinder (Variante Kinder) beginnt nun das Abenteuer Schwebebahnfahrt. Von Vohwinkel geht es mit der Schwebebahn zurück nach Oberbarmen. Man kann die Fahrt in Sonnborn unterbrechen und zur Abrundung des Tagesprogramms den Wuppertaler Zoo (www.wuppertal.de) besuchen.

Auf dem **Bergischen Panorama-Radweg** folgt der Anstieg nach Solingen. Wir radeln unter der A 46 hindurch und überqueren die L 357. Nach einer Spitzkehre kündigt ein Prellbock den nächsten Bahntrassenabschnitt an. Die Korkenziehertrasse verband Vohwinkel mit Solingen. Der Name bezieht sich auf den gewundenen Verlauf der Strecke. In Gräfrath sollten wir die Fahrt auf der Bahntrasse für einen Abstecher in die historische Altstadt mit ihren schieferverkleideten Fachwerkhäusern unterbrechen.

Der **Marktplatz Gräfrath (P 4)** bietet mit dem Kaffeehaus am Markt (www.kaffeehaus-solingen.de) eine willkommene Gelegenheit für eine Verschnaufpause. Ein Treppenweg führt vom Marktplatz zur Kirche und zum Deutschen Klingenmuseum. Das Museum (www.klingenmuseum.de) präsentiert die Geschichte des Schneidens und der Esskultur und zeigt eine Vielzahl kunstvoller Messer und gefährlicher Waffen. Wieder auf der Korkenziehertrasse, liegen das Kunstmuseum Solingen und der Botanische Garten am Streckenrand.

Nun bietet sich ein Abstecher in den Solinger Südpark an. Auf dem Gelände des alten Hauptbahnhofs ist ein Quartier mit Wohnungen, Ateliers, einer kleinen Parkanlage, Gastronomie, dem Forum für Produktdesign und dem **Museum Plagiarius (P 5)** (www.museum-plagiarius.de) entstanden. Das Museum präsentiert dreiste Produktfälschungen und informiert über Ausmaß, Schäden und Gefahren von Plagiaten.

P5
29.0 km
2h 25min

Zurück auf dem **Bergischen Panorama-Radweg** folgt ein mühsamer Streckenabschnitt, der uns vom Gustav-Coppel-Park durch ein Tal hinauf zum **Theegartener Kopf (P 6)** führt. Der Aussichtspunkt beeindruckt mit dem Drei-Städte-Panorama von Solingen, Wuppertal und Remscheid. Es folgt eine rasante Waldabfahrt auf der ehemaligen Bergbahntrasse der Ronsdorf-Müngstener Eisenbahn ins Wuppertal. Die Abfahrt ist ein Vergnügen. Es ist jedoch Vorsicht geboten! Der Weg ist schmal und nicht geteert.

P6
32.4 km
2h 40min

Im Tal queren wir die B 229 und haben von der Wupperbrücke als Einstimmung auf den Brückenpark Müngsten (www.solingen.de) einen herrlichen Blick auf den Diederichstempel. Auf einer Fläche von 17 000 Quadratmetern verbindet der Brückenpark entlang des Wupperufers Technik und Natur. Technischer Höhepunkt ist die **Müngstener Brücke (P 7)** (www.die-muengstener-bruecke.de).

P7
36.0 km
3h

An der Müngstener Brücke

1897 eingeweiht, 495 Meter lang und mit 107 Metern die höchste Eisenbahnbrücke Deutschlands. Die Sanierung des filigran anmutenden Bauwerks aus der Kaiserzeit hat jüngst 30 Millionen Euro gekostet. Der „goldene Niet" wurde dabei nicht entdeckt. Eine Legende besagt, dass eine der 950.000 verbauten Nieten aus Gold gewesen sei.

Mit Liege- und Spielwiesen, einem kleinen Wupperstrand, Kunstschmiede, Aussichtsplattform und dem mit viel Stahl und Glas auffälligen Ausflugslokal Haus Müngsten (www.haus-muengsten.de) ist der Brückenpark ein beliebtes Ausflugsziel. Dazu trägt auch die Schwebefähre über die Wupper bei. Wer übersetzen will, muss selbst Hand anlegen. Die Fähre bzw. Handhebeldraisine wird auf zwei über den Fluss gespannten Stahlseilen von Ufer zu Ufer bewegt. Eine bergige Ausweichroute zieht sich am nördlichen Uferhang entlang.

P8
39.6 km
3h 20min

Im malerischen Flusstal geht es weiter nach Unterburg, wo uns neben Cafés und Gaststätten als besondere Attraktion die **Seilbahn Burg (P 8)** (www.seilbahn-burg.de) erwartet. Der Radweg führt entlang der Straße zu Schloss Burg. Doch im Dunst der Fahrzeugabgase bereitet der Anstieg wenig Freude. Mit dem nostalgischen Sessellift von 1952 werden die 91 Höhenmeter hinauf zu Schloss Burg hingegen zum Vergnügen. Oben angekommen, können wir die tolle Aussicht genießen, uns in einem der Gasthäuser stärken und Schloss Burg (www.schlossburg.de) besichtigen (siehe auch **Tour 4**).

Anschließend passieren wir die **Knotenpunkte 4** und **5**. Der folgende Streckenabschnitt entlang der Ortsverbindungsstraße

Marktplatz Lennep

unter der A 1 hindurch zum **Knotenpunkt 24 (P 9)** am Ortsrand von Wermelskirchen ist nicht sonderlich prickelnd. In Wermelskirchen (siehe auch **Tour 3**) empfehle ich, an der Straßengabelung beim Eiscafé Venezia den Berg geradeaus zum Markt hinunterzufahren. Der Platz bietet mit der markanten Stadtkirche und netten Fachwerkhäusern viel Flair. Für das leibliche Wohl sorgt Café/Konditorei Wild! (www.echt-wild.de).

P9
45.6 km
3h 50min

Nach dem **Knotenpunkt 25** geht es im Schlenker auf den nächsten Bahntrassenabschnitt. Achtung! In Bergisch Born wechseln wir beim **Knotenpunkt 28** den Panorama-Radweg. Wir verlassen den **Bergischen Panorama-Radweg** und folgen dem **Panorama-Radweg Balkantrasse** in Richtung Lennep. Auf der Hochfläche reicht der Panoramablick bis zum Düsseldorfer Fernsehturm. Beim **Bahnhof Remscheid-Lennep (P 10)** endet die Bahntrasse.

P10
55.1 km
4h 35min

*Mit dem Bahnhof haben wir das Ziel der **Kurzstrecke** erreicht und können (nach einem Bummel durch Lennep) mit der S 7, „dem Müngstener", nach Wuppertal-Oberbarmen zurückfahren.*

Variante
kurz

Der Abstecher in die historische Altstadt von Lennep verspricht bergische Idylle pur mit winkeligen Fachwerkhäusern, gepflasterten Gassen, romantischen Plätzen und viel Gastronomie. Zudem ist das Deutsche Röntgen-Museum (www.roentgenmuseum.de) einen Besuch wert.

Deutsches Röntgen-Museum

Der nahezu kreisrunde Grundriss der Lenneper Altstadt ist seit dem Mittelalter unverändert. Rund 120 Gebäude stehen unter Denkmalschutz und bilden ein geschlossenes Ensemble. Lennep zählte als Mitglied der Hanse zu den bedeutendsten Bergischen Städten. Die Industrialisierung der Textilindustrie nahm hier ihren Anfang. Zeugnis dieser Epoche sind die Kontore und Wohnhäuser der Textilfabrikanten und Kaufleute. Das malerische Gesamtbild wird bestimmt von dem Bergischen Farbendreiklang schwarz-weiß-grün. Schwarzer Schiefer, weiße Fenster- und Türrahmen dazu grüne Schlagläden und Türen.

Der nachfolgende Streckenabschnitt nach Lüttringhausen ist etwas zäh. Der Radweg führt im Zickzack über wechselnde Straßenabschnitte mit kurzen Abfahrten und Anstiegen, durch Wohngebiete und über landwirtschaftlich genützte Flächen. Wir queren mehrfach die A 1 und passieren nach der Olper Höhe das **Industriegebiet Lüttringhausen (P 11)**. Nach einer Kehre führt der Radweg unter der A 1 hindurch ins Marscheider Bachtal.

P11
62.3 km
5h 10min

Zurück in Wuppertal

Uns erwartet eine Traumabfahrt in dem idyllischen Wiesental. Bei Nässe ist jedoch Vorsicht geboten! Im Wuppertaler Ortsteil Laaken hat uns die Zivilisation wieder. Der **Panorama-Radweg Balkantrasse** folgt dem Lauf der Wupper nach Oberbarmen. Der Radweg führt an Fabriken und teils beeindruckender Industriearchitektur vorbei zurück zum **Bahnhof Wuppertal-Oberbarmen (P 1)**.

P1/Ziel
71.5 km
6h

Fazit

Ein Fahrraderlebnis der Extraklasse im Bergischen Städtedreieck mit ganz vielen Höhepunkten wie der Schwebebahn, einer Seilbahnfahrt, der Schwebefähre über die Wupper oder der höchsten Eisenbahnbrücke Deutschlands. Eine meiner Lieblingstouren! Perfekt zum E-Biken.

TourTipps

- Tourist-Info Bergisches Land, Kölner Straße 8, 42651 Solingen, 0212/88160660, www.bergisch-mal-drei.de
- Tourist-Info Wuppertal, Kirchstraße 16, 42103 Wuppertal, 0202/5632270, www.wuppertal.de

- Alte Kunst Café, Schloßbergstraße 8, 42659 Solingen-Unterburg, 0212/24929549,
- Café Hutmacher im Bahnhof Mirke, Mirker Straße 48, 42105 Wuppertal, 0202/39348657, www.clownfisch.eu
- Café Meyer, Schloßbergstraße 4, 42659 Solingen-Unterburg, 0212/2443275, www.cafe-meyer.de
- Café Nordbahntrasse, Langobardenstraße 65, 42277 Wuppertal, 0202/9806553, www.wichernhaus-wtal.de
- Café Tacheles im Bahnhof Loh, Rudolfstraße 125, 42285 Wuppertal, 0202/318441, www.tacheles-sozialhilfe.de
- Café Wild!, Markt 1, 42929 Wermelskirchen, 02196/4935, www.echt-wild.de
- Haus Müngsten, Müngstener Brückenweg 71, 42659 Solingen, 0212/2339320, www.haus-muengsten.de
- Kaffeehaus, Gräfrather Markt 7, 42653 Solingen-Gräfrath, 0212/593322, www.kaffeehaus-solingen.de
- Kaffeeklatsch, Alter Markt 4, 42897 Remscheid-Lennep, 01578/5882691
- Restaurant Stückgut, Alexander-Coppel-Straße 50, 42651 Solingen, 0212/2337209, www.restaurantstückgut.de
- Rotationscafé, Kölner Straße 8, 42897 Remscheid-Lennep, 02191/60395, www.rotationscafe.de
- Zur schönen Aussicht, Schloßplatz 9, 42659 Solingen-Oberburg, 0212/41093, www.zur-schoenen-aussicht-solingen.de

- Radfinesse, Haspeler Straße 10, 42285 Wuppertal, 0202/81512, www.radfinesse.de
- Radsport Nagel, Neuenteich 2, 42897 Remscheid-Lennep, 02191/469000, www.radsport-nagel.de
- Zweirad-Center Lambeck, Braunsberger Straße 2, 42929 Wermelskirchen, 02196/8989572, www.zweirad-lambeck.de
- Zweirad-Center Legewie, Am Südpark 2, 42651 Solingen, 0212/819737, www.zweirad-legewie.de
- Zweirad Otto, Bayreuther Straße 52a, 42115 Wuppertal, 0202/304455, www.zweirad-otto.de

Tour Download: **BT4X615** (für GPS-Geräte)

Direkt in die App mit **scan to go**®

PanoramaRadweg 07 Niederbergbahn

Wir folgen dem Panorama-Radweg Niederbergbahn vom Bergischen Land zur Ruhr. Auf dem RuhrtalRadweg geht es durch den Essener Süden nach Steele, wo uns die S 9 zur Rückfahrt erwartet. Als Zwei-Tages-Tour radeln wir entlang der Ruhr und auf Bahntrassen zurück nach Wuppertal.

Start/Ziel: Bahnhof Wuppertal-Vohwinkel (Südseite), Bahnstraße 14-16, 42327 Wuppertal

N 50° 46' 18.6" E 7° 05' 38.5"

Anfahrt: A 46 bis Wuppertal-Sonnborn, B 228 Richtung Sonnborn/Buchenhofener Straße folgen, rechts abzweigen, der Schwebebahntrasse folgen, rechts zum Bahnhof Wuppertal-Vohwinkel abbiegen

Parkplatz: P&R W-Vohwinkel, südlich des Bahnhofs

Zug: RE 4, RE 13, RB 48, S 8, S 9 und S 68 bis Bahnhof W-Vohwinkel

Knotenpunkte:
55 - 83 - 54 - 53 - 51 - (80 - 27 - 26 - 7 - 8)

2-Tages Tour: 

108.3 km 9h 1226 ↑ ↓ 1226

62.5
km
5h 15min
701
801
Anspruch
Essen-Steele
P9 Bahnhof E-Steele
P8 Capobianco Al Fiume
Eisenbahnmuseum Bochum-Dahlhausen
Bochum
Dahlhausen
Ruhr
Mülheim a. d. Ruhr
Baldeney-see
Villa Hügel
Ehem. Zeche Heinrich
Burgaltendorf
Hattingen
Schulenbergtunnel
P10
Bahnhof E-Werden P6
Werden
P7 Haus Scheppen
Kupferdreh
Kettwig
P5 Ruhrbrücke Kettwig
Velbert
Waggonbrücke Heiligenhaus
P4
Heiligenhaus
Langenberg
Sprockhövel
Neviges
Einfahrt Tunnel Schee P11
Gevelsberg
Beginn Nordbahntrasse
Homberg
Rohdenhaus
Dönberg
Zeittunnel Wülfrath P3
Wülfrath
Barmen
P12 W-Wichlinghausen
Schwelm
Mettmann
Düssel
Elberfeld
Wuppertal
Wupper
Beyenburg
Zoo Wuppertal
Gruiten
Sonnborn
P1 Bahnhof W-Vohwinkel
Ronsdorf
Abzweig Niederbergbahn P2
Vohwinkel
A 40
B 1
B 224
B 227
A 43
A 44
B 234
A 535
A 46
B 483
B 7
A 1
A 3
B 228
51
53
54
55
80
87
27
26
83
7
8
P4: Waggonbrücke Heiligenhaus
P5: Ruhrbrücke Kettwig
P6: Bahnhof E-Werden
P7: Haus Scheppen
P8: Capobianco Al Fiume
P9: Bahnhof E-Steele
25
30
35
40
45
50
55
60
62,5
2h40min
3h15min
3h45min
4h10min
5h10min
5h15min

Urbane Idyllen

Angelspaß auf der Ruhr

P1
Start

Wir schwingen uns am **Bahnhof Wuppertal-Vohwinkel (P 1)** (www.buergerbahnhof.com) in den Sattel und folgen dem **Bergischen Panorama-Radweg** (www.dasbergische.de) zum Schwebebahnhof Vohwinkel.

P2
3.6 km
20 min

Anschließend queren wir die B 228 und erreichen nach einem ersten Anstieg den Abzweig zum **PanoramaRadweg Niederbergbahn (P 2)** (www.neanderland.de), der die Trasse der ehemaligen Bahnlinie Oberdüssel-Kettwig nutzt und das Bergische Land mit dem Ruhrgebiet verbindet.

Der Radweg zieht sich zunächst auf Nebenstraßen durch die hügelige Landschaft. Im Frühjahr blühen die Rapsfelder leuchtend gelb. Wir fahren am eingezäunten Kalksteinbruch Osterholz vorbei und erreichen die Ortschaft Schöller mit der sehenswerten evangelischen Kirche und dem Rittergut Schöller.

In Hahnenfurt müssen wir bei der Überquerung der B 7 (Achtung: Gefahrenstelle!) gut aufpassen. Es folgt das malerische Dorf Düssel mit seinen beiden Kirchen. Die Kutscherstuben Wülfrath (www.kutscherstuben-wuelfrath.de) und das in einer Wasserburg untergebrachte Haus Düssel (www.wasserburg-duessel.de) sind beliebte Ausflugslokale.

P3
17.7 km
1 h 30 min

Im lieblichen Tal der Düssel rollen wir nun am Aprather Mühlenteich vorbei zur Aprather Mühle. Nach Schloss Aprath beginnt die Fahrt auf der ehemaligen Bahntrasse. Am Ortsrand von Wülfrath erreichen wir den **Zeittunnel Wülfrath (P 3)** (www.zeittunnel-wuelfrath.de) mit dem Tunnelcafé.

Kutscherstuben Wülfrath

Im Düsseltal

Der Zeittunnel Wülfrath verspricht einen ungewöhnlichen Ausstellungsbesuch an einem ungewöhnlichen Ort. Den Besucher erwartet in einem 160 Meter langen Abbautunnel eine Zeitreise durch 400 Millionen Jahre Erdgeschichte. Für jedes Erdzeitalter wird die Entwicklung der Lebewesen und des Klimas beschrieben. Als Besucher erleben wir, wie die Dinosaurier kamen und gingen, wie das Eis schmolz und der Mensch die Bühne betrat. Der Tunnel endet auf einer Aussichtsplattform direkt an der Abbruchkante des stillgelegten Kalksteinbruchs mit Blick auf die spektakulären Felswände.

Nach einer Kehre führt der **PanoramaRadweg Niederbergbahn** stetig bergauf um das Gewerbegebiet Dieselstraße herum auf die Hochfläche des Niederbergischen Hügellandes. Herrliche Weitblicke belohnen uns für die Strampelei. Nach Tönisheide führt der Radweg auf der ehemaligen Bahntrasse in weitem Bogen durch Velbert (www.velbert.de).

Dabei überqueren wir mehrere Brückenviadukte. Am eindrucksvollsten ist die über 100 Jahre alte „Saubrücke“ über das Eulenbachtal. Von der 40 Meter hohen Natursteinbrücke haben wir einen spektakulären Blick auf die Stadt und das Parkbad Velbert (www.stadtwerke-velbert.de).

Beim Gasthaus zur Dampflok (www.zurdampflok.de) führt der Radweg unter der A 44 hindurch, bevor uns in Heiligenhaus mit der Kult-Kaffee Rösterei (www.kult-kaffee.jimdo.com) die nächste Rastmöglichkeit erwartet. Anschließend

Waggonbrücke

Blick auf Kettwig

Restaurantschiff

rollen wir über die 2009 erbaute **Waggonbrücke Heiligenhaus (P 4)**, die aus einem Eisenbahnflachwagen besteht.

Nach der kuriosen Brücke verläuft der Radweg sanft abfallend, gespickt mit herrlichen Panoramablicken, hinab ins Ruhrtal. Ein weiterer Höhepunkt sind die beiden Brückenviadukte über die Ruhrstraße.

Schade! Am Ortsrand von Kettwig endet die Bahntrasse, und es folgt eine Straßenpassage. Vor der Ruhrbrücke treffen wir am **Knotenpunkt 55** auf den **RuhrtalRadweg** (www.ruhrtalradweg.de). Es folgt die **Ruhrbrücke Kettwig (P 5)**, die einen herrlichen Blick auf die Altstadt und den Kettwiger See bietet.

P5
38.8 km
3h 15min

Das von bewaldeten Hügeln eingerahmte Kettwig korrigiert trefflich das Bild vom Ruhrgebiet mit rauchenden Schloten, Industriebrachen und grauen Häuserzeilen. Essen erhielt 2017 den Titel „Grüne Hauptstadt Europas". Vor der Weiterfahrt lohnt sich ein Abstecher in die pittoreske Kettwiger Altstadt mit steilen Gassen, viel Kopfsteinpflaster, liebevoll renovierten Fachwerkhäusern, kleinen Cafés und Biergärten.

Nach dem **PanoramaRadweg Niederbergbahn** folgen wir nun dem **RuhrtalRadweg**. Wir passieren das Schiffsrestaurant Thetis und fahren unter der mächtigen Eisenbahnbrücke hindurch. Der Radweg führt direkt am Ufer der Ruhr entlang. Am Weg bieten sich zahlreiche Einkehrgelegenheiten, wie das Restaurant 12 Apostel oder man picknickt am Ruhrufer. Auf dem

Am Baldeneysee

früheren Leinpfad passieren wir die alte Papiermühlenschleuse und erreichen beim **Knotenpunkt 83** den **Bahnhof Essen-Werden (P 6)**.

P6
45.0 km
3h45min

Weiter geht es über die Werdener Ruhrbrücke und an der Uferpromenade entlang Richtung „Brehminsel“ (www.essener-ruhrperlen.de). Dabei lohnt sich ein kurzer Rundgang „über den Brehm“. Werdens Stadtpark ist der ideale Ort für eine Verschnaufpause.

Wer einkehren oder bummeln möchte, unternimmt einen Abstecher in die idyllische Altstadt. Werden trägt auch den Beinamen „die Perle an der Ruhr“. Wie in Kettwig hat man nicht das Gefühl, in einer Großstadt zu sein. Die ehemalige Tuchmacherstadt hat sich ihren Dorfcharakter bewahrt. Das Wahrzeichen Werdens ist die eindrucksvolle Basilika St. Ludgerus oberhalb des Marktes. In der früheren Benediktinerabtei hat die Folkwang Universität der Künste (www.folkwang-uni.de) ihren Sitz.

Nach einer kurzen Straßenpassage passieren wir die Neukircher Schleuse mit der „Weißen Mühle“. Vor uns liegt das mächtige Wehr, das die Ruhr auf 8 Kilometer Länge zum Baldeneysee aufstaut. Der Stausee ist das Naherholungsgebiet Essens und Eldorado für Radfahrer, Spaziergänger, Hundebesitzer und Inline-Skater. Rund um den See ist viel los, und auf dem Wasser tummeln sich die Boote. Die Weiße Flotte (www.baldeneysee.

Ausflug an Baldeneysee

com) lädt zur Rundfahrt ein. Zahlreiche Cafés und Gaststätten sorgen für das leibliche Wohl. Trotz des Trubels gehört die Fahrt entlang des Baldeneysees zu den Höhepunkten der Tour.

Vom Haus am See (www.hausamsee.ruhr) blicken wir hinüber zur Villa Hügel (www.villahuegel.de), dem Regattaturm mit Tribünen und zum Seaside Beach (www.seaside-beach.de). Seit 2017 ist hier das Baden in der Ruhr offiziell erlaubt. Mit dem **Haus Scheppen (P 7)** folgt ein bekannter Treffpunkt von Motorradfahrern.

P7
50.4 km
4h 10min

Parallel zu Ufer und Radweg schnauft ab Mai eine Museumsbahn, die Hespertalbahn (www.hespertalbahn.de) im Bummelzugtempo nach Essen-Kupferdreh. Bis zur Stilllegung der Zeche Pörtingssiepen wurde die Trasse als Grubenanschlussbahn genutzt. In Kupferdreh geht es auf einer Brücke, eingerahmt von den **Knotenpunkten 54** und **53**, über die schmale Seespitze.

Auf der anderen Uferseite führt der **RuhrtalRadweg** unter der A 44 hindurch zum Fährhaus Rote Mühle (www.faehrhaus-rote-muehle.de). Es folgt ein Wegabschnitt im Bereich eines Ruhraltarms mit Blick auf den Förderturm der Halde Heinrich auf der anderen Uferseite. Der Wegverlauf wird nun etwas städtischer. Nach der Konrad-Adenauer-Brücke treffen wir bei der Finca & Bar Celona (www.celona.de) auf den **Knotenpunkt 51.** Anschließend passieren wird das Spillenburger Wehr und erreichen an

P8
61.6 km
$5^h 10^{min}$

der Ruhrbrücke das **Restaurant Capobianco Al Fiume (P 8)** (www.capobianco-al-fiume.eatbu.com). Hier zweigt der Radweg zum Bahnhof Essen-Steele ab.

Zum Abschluss der Tagestour biegen wir am Grendplatz zum Kaiser-Otto-Platz ab und können im Zentrum von Essen-Steele die Tour im Café Mocca oder Eiscafé Fabris gemütlich ausklingen lassen. Anschließend fahren wir vom **Bahnhof Essen-Steele (P 9)** mit der S 9 zurück nach Wuppertal-Vohwinkel.

Wasserkraftwerk Horster Mühle

Fotostopp

Auf dem RuhrtalRadweg

Wer sich für die **2-Tages-Tour** entscheidet, überquert die Ruhrbrücke in Richtung Überruhr-Hinsel. Der **RuhrtalRadweg** führt nach der Brücke in einer engen Kehre (Achtung: Gefahrenstelle!) zum Ufer. Der folgende Streckenabschnitt auf dem Leinpfad entlang der Ruhr zählt für mich zu den schönsten Abschnitten des RuhrtalRadweges. Nächster Hingucker ist das Wasserkraftwerk Horster Mühle. Die Fabrikgebäude werden von einem weithin sichtbaren Schornstein überragt.

Beim **Knotenpunkt 80** können wir einen Abstecher auf die andere Ruhrseite vorbei am **Knotenpunkt 87** zum Eisenbahnmuseum Bochum-Dahlhausen (www.eisenbahnmuseum-bochum.de) unternehmen. Das Museum hält die Faszination Dampflokomotive am Leben.

Zurück auf dem RuhrtalRadweg passieren wir die Schleuse Dahlhausen und die Dahlhauser Schwimmbrücke mit dem **Knotenpunkt 27**. Anschließend heißt es Abschied nehmen. Im Scheitel des Flussbogens verlassen wir beim **Knotenpunkt 26 (P 10)** die Ruhr und folgen dem Radweg von Ruhr zur Ruhr (siehe auch **Tour 8**).

P10
73.4 km
6h 5min

Wir fahren entlang der Isenbergstraße Richtung Hattingen (www.hattingen.de), überqueren auf Höhe des OBI-Baumarktes die verkehrsreiche Nierenhofer Straße und biegen auf den **Bergischen Panorama-Radweg** ab. Der Radweg führt auf der Glückauf- und Nordbahntrasse von Hattingen nach Wuppertal. Nach dem Schulenbergtunnel beginnt die Fahrt durch das „Bergland".

P11
88.6 km
7h 25min

Über Sprockhövel geht es stetig moderat ansteigend vorbei am **Knotenpunkt 7** zum ehemaligen Bahnhof Schee. Der Bahnhof diente mehrfach als Filmkulisse. Es folgt der **Knotenpunkt 8,** bevor wir beim **Tunnel Schee (P 11)** die Wasserscheide zwischen Ruhr und Wupper erreichen.

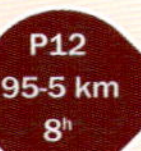

Nach dem 722 Meter langen Tunnel geht es auf der Nordbahntrasse (www.wuppertalbewegung.de) weiter. Bis **Wuppertal-Wichlinghausen (P 12)** führt die ehemalige Bahntrasse bergab, und wir können uns des Öfteren einfach rollen lassen.

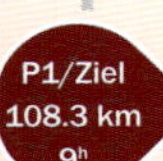

Die Weiterfahrt „über den Dächern von Wuppertal" ist dank der Ausblicke, aber auch wegen vieler Viadukte und Tunnel ein Erlebnis (siehe **Tour 6**). Zudem ist das gastronomische Angebot groß. Ehemalige Bahnhöfe wurden in nette Cafés und Szenelokale umgewandelt. Am **Bahnhof Wuppertal-Vohwinkel (P 1)** schließt sich der Kreis, und wir sind zurück am Ausgangspunkt.

Bei der Zwei-Tages-Tour empfehle ich zur Übernachtung Essen. Die ADFC-Plattform Bett&Bike (www.bettundbike.de) bietet zwischen E-Kettwig und E-Horst eine Reihe „fahrradfreundlicher Gastbetriebe". Je nach Budget sind die JUHE Essen-Werden, die Südtiroler Stuben oder das Linuxhotel in der Villa Vogelsang zu empfehlen.

Fazit

Eine Genuss-Tour wie aus dem Bilderbuch, die Bahntrassen- und Flussradwegfahren miteinander kombiniert. Die Tour verbindet das Bergische Land „one way" oder als Runde mit dem Ruhrgebiet. Speziell am Baldeneysee kann es recht trubelig zugehen.

TourTipps

- Tourist-Info Essen, Kettwiger Straße 2-10, 45127 Essen, 0201/8872333, www.visitessen.de
- Tourist-Info Wuppertal, Kirchstraße 16, 42103 Wuppertal, 0202/5632270, www.wuppertal.de

- 12 Apostel, Ruhrtalstraße 111, 45239 Essen, 0201/4902424, www.zwoelfapostel-essen.de
- Aprather Mühle, Düsseler Feld 1, 42489 Wülfrath, 02058/776148
- Bootshaus Ruhreck, Langenberger Straße 1, 45277 Essen, 0201/584758, www.bootshaus-ruhreck.de
- Café Mocca, Kaiser-Otto-Platz 12, 45276 Essen-Steele, 0201/50790611
- Capobianco Al Fiume, Grendtor 40, 45276 Essen-Steele, 0201/4691778, www.capobianco-al-fiume.eatbu.com
- Fährhaus Rote Mühle, Rotemühle 1, 45259 Essen, 0201/6484743, www.faehrhaus-rote-muehle.de
- Finca & Bar Celona, Westfalenstraße 4, 45136 Essen-Steele, 0201/59276737, www.celona.de
- Gastschiff Thetis, Promenadenweg 18, 45219 Essen-Kettwig, 02054/2366, www.thetis-radstop.de
- Haus am See, Harnscheidts Höfe 1, 45239 Essen, 0201/89457540, www.hausamsee.ruhr
- Kult-Kaffee Rösterei, Westfalenstraße 12, 42579 Heiligenhaus, 02056/2596799, www.kult-kaffee.de
- Kutscherstuben Wülfrath, Dorfstraße 6, 42489 Wülfrath-Düssel, 02058/7822809, www.kutscherstuben-wuelfrath.de
- See-Bar, Stauseebogen 37-39, 45259 Essen, 0201/50766041, www.see-bar.com

- Bergetappe - Der Fahrradladen, Kupferdreher Straße 112, 45257 Essen-Kupferdreh, 0201/5643247, www.bergetappe.de
- Bike Special Parts Franke, Friedrichstraße 64, 42551 Velbert, 02051/52307, www.bike-special-parts.de
- 2-Rad Schulte, Kirchfeldstraße 11, 45219 Essen-Kettwig, 02054/9383954, www.2-rad-schulte.de
- Two Wheels, Brückstraße 2, 45239 Essen-Werden, 0201/491578, www.two-wheels-bikes.de

- Parkbad Velbert-Mitte, Parkstraße 21, 42549 Velbert, 02051/4558, www.stadtwerke-velbert.de
- Seaside Beach Baldeney, Freiherr-vom-Stein-Straße 384, 45133 Essen, 0201/4906090, www.seaside-beach.de

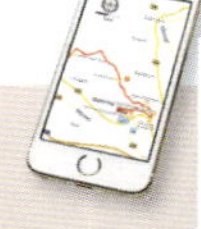

Tour Download: **BT4X715** (für GPS-Geräte)

Direkt in die App mit scan to go®

Ruhr

An der Ruhrquelle kann man kaum glauben, dass der kleine Bach Namensgeber einer Metropolregion ist. Der Strukturwandel ist in vollem Gang. Auf Kohle und Stahl folgen Dienstleistung, Hightech und Digitalisierung. Unterwegs gilt es, die beeindruckenden Zeugnisse der Industriekultur, die Vielfalt und ungeahnte landschaftliche Schönheiten zu entdecken.

RuhrtalFähre Hardenstein

Ruhr

08 Radweg von Ruhr zur Ruhr

Der Radweg von Ruhr zur Ruhr kombiniert Bahntrassenradwege und den RuhrtalRadweg. Vom Kemnader See fahren wir entlang der Ruhr nach Hattingen. Auf der Glückauf-Trasse geht es zur Wasserscheide von Ruhr und Wupper und über die Hochebene zurück ins Ruhrtal.

Start/Ziel: Parkplatz Kemnader See „P 9“ beim Golfplatz, In der Lake, 58456 Witten

N 51° 25‘ 45.9“ E 7° 17‘ 25.2“

Anfahrt: A 43 bis Ausfahrt 20 Witten-Heven, Seestraße Richtung Witten/Herbede folgen, nach ca. 600 Metern rechts auf die Straße „In der Lake“ zum Ruhrgolf abbiegen, öffentlicher Parkplatz „P 9“ gleich links

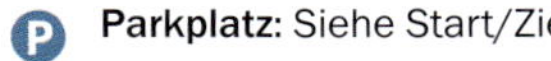

Parkplatz: Siehe Start/Ziel

Zug: S 3 bis Bahnhof Hattingen und Einstieg bei Knotenpunkt 25 oder S 3 bis Bahnhof Hattingen-Mitte und Einstieg bei P 4 Historische Altstadt

Knotenpunkte:
24 - 78 - 86 - 78 - 25 - 26 - 7 - 6 - 91 - 9 - 1 - 85

300
250
200
150
100
50
m
P1: Parkplatz Kemnader See
P2: Haus Oveney
P4: Historische Altstadt Hattingen
P3: Industriemuseum Henrichshütte Knotenpunkt 86
km 5 10 15
Std. 25min 1h15min 1h3

63.4 km	5h 15min	813 ↑	813 ↓	Anspruch

KulTour de Ruhr

Im LWL-Industriemuseum Henrichshütte

P1
Start

Wir starten am **Parkplatz** „P 9“ am **Kemnader See (P 1)** und folgen dem **RuhrtalRadweg** (www.ruhrtalradweg.de) unter der A 43 hindurch zum Kemnader See (www.kemnadersee.de). Der 1979 fertiggestellte Stausee hat sich mit Liegewiesen, einem attraktiven Sportangebot und viel Gastronomie zum beliebten Ausflugsziel entwickelt. Das Baden ist jedoch verboten. Sodann passieren wir das Freizeitbad Heveney (www.freizeitbad-heveney.de) und den **Knotenpunkt 24** am Zufluss des Oelbachs. Entlang des Sees verlaufen teilweise getrennte Wege für Fußgänger, Inliner und Radfahrer. „Geisterfahrer“ sind jedoch an der Tagesordnung.

Der Radweg führt an einer Landzunge entlang, deren Spitze ein grün-weißer „Leuchtturm“ ziert. Hinter der ehemaligen Zeche Gibraltar Erbstollen erreichen wir das etwas abseits des Sees gelegene **Haus Oveney (P 2)** (www.haus-oveney.com). Nach dem beliebten Ausflugslokal geht es „in zweiter Reihe“ am See entlang. Ab dem Stauwehr setzen wir unsere Fahrt auf dem ehemaligen Leinpfad fort. Vom Uferweg aus zogen früher Pferde die Ruhrlastkähne flussaufwärts. Vom Kamm der anderen Talseite grüßt Burg Blankenstein.

P2
4.7 km
25 min

Nach einer Passage durch Felder und Wiesen führt der **RuhrtalRadweg** seit Ende 2018 in Brockhausen auf die Ruhrtalbrücke. Entlang der Kosterstraße rollen wir auf dem abgetrennten Radweg über die Brücke. Auf der anderen Ruhrseite geht es am Campingplatz und Ruhr-Hotel An der Kost (www.anderkost.de) vorbei zurück ans Ruhrufer. Beim **Knotenpunkt 78** dürfen wir uns den Abstecher zum **LWL-Industriemuseum Henrichshütte** (www.lwl.org), **Knotenpunkt 86 (P 3)** nicht entgehen lassen.

P3
14.7 km
1 h 15 min

Dort wird rund um den ältesten erhaltenen Hochofen des Ruhrgebiets die Geschichte von Kohle, Koks, Eisen und Stahl lebendig. Zwischen 1854 und 1987 arbeiteten bis zu 10.000 Menschen auf der Henrichshütte. Doch auch ein erbittert geführter Arbeitskampf konnte die Schließung nicht verhindern. Heute können wir auf dem Museumsgelände den „Weg des Eisens“ nachverfolgen und bekommen ein Gefühl für die harte und gefährliche Arbeit der Kumpel auf der Hütte.

Zurück am **Knotenpunkt 78** haben wir auf dem Leinpfad das Gefühl, an einem Kanal entlangzurollen. Und eigentlich tun wir das auch. In den 1960er-Jahren wurde die Ruhr umgeleitet, weil sie der Henrichshütte im Wege stand. Nach dem herrlich gelegenen Landhaus Grum (www.landhaus-grum.de) gelangen wir auf dem Ruhrdeich zur Auffahrt auf die nächste Ruhrbrücke.

Am Kemnader See

Hier sollten wir uns für einen Abstecher nach Hattingen Zeit nehmen. Wir verlassen den **RuhrtalRadweg** und folgen auf der Brücke der Ausschilderung „Hattingen Altstadt". Die Bahnhofstraße führt uns in die **historische Altstadt (P 4)** (www.hattingen.de).

P4
17.7 km
1h30min

Uns erwartet ein Stadtkern mit verwinkelten Gassen und liebevoll restaurierten Fachwerkhäusern. Ein besonderes Kleinod ist der fast geschlossene Gebäudering rund um den Kirchplatz. Wer nach oben schaut, wundert sich über den schiefen Kirchturm. Der gotische Spitzhelm der St.-Georgs-Kirche wurde bewusst gegen die Hauptwindrichtung geneigt, damit er bei einem Blitzeinschlag nicht in das wertvolle Kirchenschiff fällt.

Hattingen Altstadt

Zurück auf dem **RuhrtalRadweg** fahren wir unter der Brückenzufahrt hindurch auf die am

Blick auf das Ruhrwehr und die Birschel-Mühle

Ruhrwehr gelegene Birschel-Mühle mit dem Restaurant da Mario (www.birschel-muehle.de) zu. Ein paar Meter weiter erreichen wir unterhalb der Ruhrbrücke den **Knotenpunkt 25** mit Panoramablick auf das Wehr. Anschließend queren wir auf dem Leinpfad ein eingezäuntes Weidegelände und zirkeln um Schaf- und Kuhfladen herum. Die Tiere pendeln zwischen Weide und Wasser und versperren schon mal die Fahrbahn.

Im Scheitel des Flussbogens verlassen wir beim **Knotenpunkt 26 (P 5)** die Ruhr. Hier zweigt der **Radweg von Ruhr zur Ruhr** (www.ennepe-ruhr-tourismus.de) vom **RuhrtalRadweg** ab. Entlang der Isenbergstraße geht es in Richtung Hattingen.

P5
22.4 km
1h50min

In einem Gewerbegebiet überqueren wir auf Höhe des OBI-Baumarktes die Nierenhofer Straße (Achtung, die Ausschilderung ist mäßig!) und biegen nach 250 Metern auf die Glückauf-Trasse ab. Neben dem **Radweg von Ruhr zur Ruhr** verläuft der **Bergische Panorama-Radweg** (siehe **Tour 7**) auf der ehemaligen Bahntrasse.

Nach dem 195 Meter langen Schulenbergtunnel beginnt der Anstieg zur Wasserscheide von Ruhr und Wupper. Dank des gleichmäßigen Gefälles lässt sich die Steigung gut treten. Die

Radweg mit „Hindernissen"

P6
30.8 km
$2^h 35^{min}$

Strecke führt über kleine Viadukte und vorbei an ehemaligen Bahnhöfen. Vor **Sprockhövel (P 6)** liegt das Gelände der 1969 stillgelegten Zeche Alte Haase versteckt hinter einem Hang.

Zwischen Ruhr und Wupper liegt die Wiege des Ruhrgebiets. Hier verliefen die Steinkohleflöze an der Erdoberfläche und konnten im Tagebau abgebaut werden. Durch den riesigen Energiebedarf der Eisen- und Stahlindustrie stiegen die Abbaumengen immens, die Zechen wurden immer größer, und die Stollen mussten immer tiefer gegraben werden. So verlagerte sich der Kohleabbau mehr und mehr nach Norden ins Ruhrgebiet.

P7
36.5 km
$3^h 05^{min}$

Die Glückauf-Trasse durchquert Sprockhövel westlich des Ortskerns. Der ehemalige Bahnhof (www.hofstock.de) oder eines der Cafés im Ort bietet sich für ein Päuschen an. Weiter geht es durch die idyllische Kulturlandschaft mit Wiesen-, Wald- und Weideflächen. Nach Überqueren der Wuppertaler Straße (Achtung: Gefahrenstelle!) vereinigen sich beim **Knotenpunkt 7 (P 7)** zwei ehemalige Bahntrassen. Wir wechseln die Trasse und folgen der ehemaligen Kohlenbahn in Richtung Silschede. Nach 450 Metern ist der Bahntrassenweg vorübergehend unterbrochen, und wir kommen nach einem kurzen Anstieg zum höchsten Punkt der Strecke.

P8
44.8 km
$3^h 45^{min}$

Zurück auf der ehemaligen Bahnstrecke führt der Radweg auf einer Brücke über die A 43, bevor wir am Ortsrand von Haßlinghausen den **Knotenpunkt 6** passieren. Wir rollen gemütlich durch die Landschaft und erreichen nach dem **Knotenpunkt 91** beim **Café Kännchen (P 8)** (www.cafe-kännchen.info) das vorläufige Ende der Bahntrasse.

Schloss Steinhausen

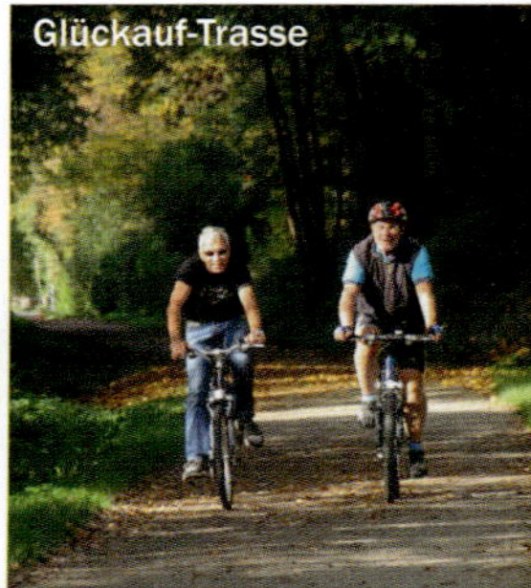
Glückauf-Trasse

Der Ausbau der Trasse Silschede-Albringhausen zum Bahntrassenradweg ist geplant. Derzeit müssen wir auf Landes- und Gemeindestraßen ausweichen.

Aufgepasst: Den Abzweig von der Esborner Straße in Richtung Sackern übersieht man leicht! Beim Hof Sackern biegt der **Radweg von Ruhr zur Ruhr** links ab und erreicht beim Landhaus Zum Alten Bahnhof (www.alterbahnhof-albringhausen.de) erneut die ehemalige Bahntrasse. Einen guten Kilometer weiter zweigen wir auf den 2017 eröffneten Bahntrassenradweg der Elbschen Talbahn ab.

Auf der mit Bodenmarkierungen, Haltebuchten und Rastplätzen prima angelegten Strecke kommen wir flott voran. Durch ein Waldgebiet geht es hinab ins Ruhrtal. Bei Wengern überqueren wir das Elbschebachtal auf dem denkmalgeschützten Eisenbahnviadukt von anno 1914. Nach der Bodenmarkierung „Wetter-Witten“ erreichen wir den Abzweig zum **RuhrtalRadweg (P 9)**. Wir verlassen die Bahntrasse und treffen beim **Knotenpunkt 9** auf den **RuhrtalRadweg**, der zum Ufer der Ruhr hinunterführt.

P9
53.8 km
4h 30min

Ein kurzes Steilstück mit bis zu 20 Prozent Gefälle (Achtung: Gefahrenstelle!) führt durch einen schmalen Tunnel unter der Eisenbahnstrecke hindurch zur Ruhr. Im Tal folgt der **RuhrtalRadweg** dem Bahngleis der stillgelegten „Mittleren Ruhrtalbahn“. 2019 wurde der Betrieb der Museumszüge eingestellt.

Nach dem **Knotenpunkt 1** unterbrechen wir die Fahrt auf dem **RuhrtalRadweg** beim Gruben- und Feldbahnmuseum Zeche

Überfahrt mit der RuhrtalFähre

Burgruine Hardenstein

Rast im Schleusenwärterhäuschen

Theresia (www.muttenthalbahn.org) für einen Abstecher zum Schloss Steinhausen. Anschließend teilt sich der **RuhrtalRadweg** vor der Zeche Nachtigall. Die Hochwasserumfahrung verläuft auf der anderen Ruhrseite. Die landschaftlich schönere Strecke führt entlang des Südufers zur Ruhrtalfähre. Doch zunächst sollten wir am **Knotenpunkt 85 (P 10)** beim **LWL-Industriemuseum Zeche Nachtigall** (www.lwl.de) einen Stopp einlegen.

P10
60.1 km
5h

Das Bergwerk wurde schon 1892 stillgelegt. Ausgestattet mit Helm und Grubenlampe können wir im Besucherbergwerk die einzigartige Atmosphäre unter Tage schnuppern.

P11
61.7 km
5h 10min

Danach lohnt sich ein Abstecher zur Burgruine Hardenstein bevor wir mit der Fähre übersetzen. Die ehrenamtlich betriebene **Fähre „Hardenstein" (P 11)** (www.wabembh.de) verkehrt von Mitte März bis Ende Oktober mit Ausnahme von Hoch- oder Niedrigwasserständen. Auf der anderen Uferseite erwartet uns das Königliche Schleusenwärterhäuschen (www.wabembh.de) zur Einkehr.

P1/Ziel
63.4 km
5h 15min

Von der Herbeder Schleuse geht es entlang der Ruhr am Golfclub vorbei zu unserem Ausgangspunkt, dem **Parkplatz am Kemnader See (P 1)**. Ob im Schleusenwärterhäuschen, auf der Liegewiese am See oder auf der anderen Uferseite im Zollhaus Herbede (www.wabembh.de), an Möglichkeiten zum entspannten Tourenausklang besteht kein Mangel.

Fazit

Die Kombination von Natur und (Industrie)Kultur sorgt für den besonderen Pfiff. Die Tour bietet Radelvergnügen auf ehemaligen Kohlebahnen und entlang der Ruhr. Vorsicht bei Hochwasser. Vorab klären, ob die RuhrtalFähre verkehrt.

TourTipps

- Tourist-Info Hattingen, Haldenplatz 3, 45525 Hattingen, 02324/2043095, www.hattingen-marketing.de

- Alter Bahnhof, Bahnhofstraße 3, 45549 Sprockhövel, 02324/90340-90, www.hofstock.de
- Café Kännchen, Auf der Ilberg 18a, 58285 Gevelsberg-Silschede, 02332/9178977, www.cafe-kännchen.info
- Café am alten Rathaus, Haldenplatz 9, 45525 Hattingen, 02324/52288, www.cafeam.de
- Café Krokant, Hauptstraße 28, 45549 Sprockhövel, 02324/6867974, www.cafekrokant.de
- Café Mexx, Obermarkt 1, 45525 Hattingen, 02324/392526, www.cafemexx.de
- Haus Oveney, Oveneystraße 65, 44797 Bochum, 0234/799888, www.haus-oveney.com
- Königliches Schleusenwärterhaus, Insel 1, 58456 Witten, 01573/2630282, www.wabembh.de
- Landhaus Grum, Ruhrdeich 6-8, 45525 Hattingen, 02324/951296, www.landhaus-grum.de
- Restaurant da Mario, Schleusenstraße 8, 45525 Hattingen, 02324/3447760, www.birschel-muehle.de
- StrandDeck, Blumenau 7a, 44801 Bochum, 0231/22611025, www.stranddeck.de
- Zollhaus Herbede, Ruhrtal 1, 58456 Witten-Herbede, 02302/1788868, www.wabembh.de

- Fahrradladen Sprockhövel, Wuppertaler Straße 3, 45549 Sprockhövel, 02324/9105818, www.fahrradladen-sprockhövel.de
- Fahrräder Hecken, Steinhagen 14, 45525 Hattingen, 02324/6868073, www.fahrraeder-hecken.de
- Fahrrad Wurm, Kreisstraße 14, 45525 Hattingen, 02324/55572, www.fahrrad-wurm.de
- Metal Motion Bikes, Vormholzer Straße 2a, 58456 Witten-Herbede, 02302/780680, www.metalmotionbikes.de
- Zweirad Niestroj, Osterfeldstraße 43, 58300 Wetter, 02335/71147, www.zweirad-niestroj.de

- Freibad Sprockhövel, Bleichwiese 9, 45549 Sprockhövel, 02324/685797, www.sprockhoevel.de
- Freizeitbad Heveney, Querenburger Straße 35, 58455 Witten, 02302/56263, www.freizeitbad-heveney.de

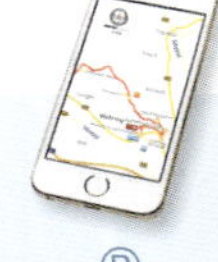

Tour Download: **BT4X815** (für GPS-Geräte)

Direkt in die App mit scan to go®

09 Ruhr-Lenne-Achter

Wir starten in Iserlohn, treffen im Stadtteil Letmathe auf die Lenne und folgen dem Fluss bis zur Mündung in die Ruhr. Auf dem RuhrtalRadweg und durch das Baarbachtal kehren wir ins Sauerland zurück. Die Langstrecke führt zusätzlich in einer Schleife um den Hengstey- und Harkortsee.

Start/Ziel: Parkplatz Eissporthalle, Seeuferstraße 25, 58636 Iserlohn

N 51° 23' 02.9" E 7° 42' 53.8"

Anfahrt: A 45 bis Kreuz Hagen, A 46 Richtung Iserlohn folgen bis Ausfahrt 48 Iserlohn-Seilersee, rechts auf Seilerseestraße abbiegen, an der 2. Ampelanlage links auf den Parkplatz Eissporthalle abbiegen

Parkplatz: Siehe Start/Ziel

Zug: Ruhr-Sieg-Express RE 16, Ardey-Bahn RB 53 und Ruhr-Sieg-Bahn RB 91 bis Bahnhof Iserlohn (P 2)

Knotenpunkte:
52 - 55 - 56 - 72 - 64 - 63 - 12 - 38 - 25 - 22 - 30 - 32 - 53

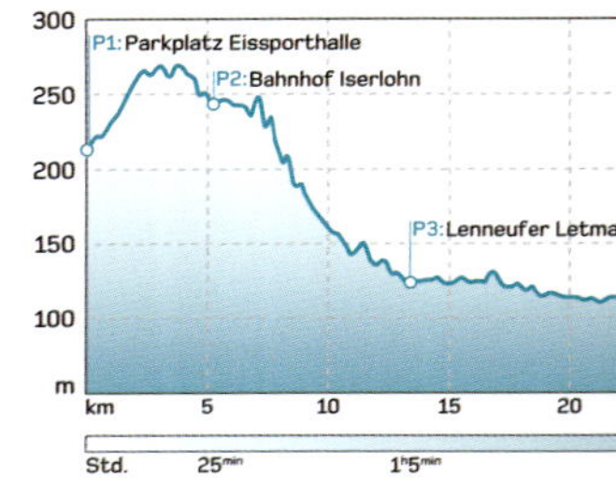

Variante kurz: 

59.8 km | 5h | 550 ↑ ↓ 550

79.8
km
6h 40min
701
701
Anspruch
Wellinghofen
Lichtendorf
Ardey
Ruhr
Halingen
Sommerberg
Geisecke
P10
22
Brennerei Bimberg
Schwerte
25
30
Hennen
38
Villigst
Kaiser-Wilhelm-Denkmal
Spielbank Hohensyburg
Syburg
P8 Abzweig nach Syburg
P9 Haus Ruhr
Ergste
Kalthof
32
Sümmern
Maste Barendorf P11
Lenne
Gerlingsen
53
Seilersee
Parkplatz Eissporthalle P1
Halden
64
Reh
Oestrich
Iserlohn
52
Letmathe
Dechenhöhle
P2
55
Bahnhof Iserlohn
56
P3
Lenneufer Letmathe
Untergrüne
Obergrüne
72
Oege
Eilpe
Schloss Hohenlimburg
Hohenlimburg
B 236
A 1
B 515
B 54
A 45
B 233
A 46
B 7
P6: Friedrich am See
P7: Wasserschloss Werdringen
P1: Parkplatz Eissporthalle
P5: Brückenviadukt Herdecke
P8: Abzweig nach Syburg
P11: Maste Barendorf
P4: Parkplatz am Hengsteysee
P10: Knotenpunkt 22
P9: Haus Ruhr
30
35
40
45
50
55
60
65
70
75
79,8
2h25min
2h50min
3h5min
3h25min
4h5min
4h35min
5h35min
6h20min
6h40min

Von Fluss zu Fluss

Brückenviadukt Herdecke

Das alternative Iserlohn

Arbeitersiedlung Colonie Oege

P1 Start

Die Tour beginnt in Iserlohn am **Parkplatz Eissporthalle (P 1)**. Bei Spielen der Iserlohn Roosters (www.iserlohn-roosters.de) sollte man jedoch auf einen anderen Startplatz ausweichen. Der **Ruhr-Lenne-Achter** (www.maerkische-sauerland.com) besteht aus Ost- und Westschleife. Wir beschränken uns auf die Westschleife **(Kurzstrecke)**, als **Langstrecke** ergänzt um eine Runde um Hengstey- und Harkortsee. Nach dem Parkplatz führt der **Ruhr-Lenne-Achter** auf einer Fußgängerbrücke über die Mendener Straße. Weiter geht es die Schlesische Straße entlang zum **Knotenpunkt 52**, wo wir die Westfalenstraße überqueren.

Nach gut 100 Metern erreichen wir die ehemalige Bahntrasse Iserlohn-Hemer und haben den zähen Toureneinstieg hinter uns. Steigungsfrei zieht sich der promenadenartig ausgebaute Radweg wie eine grüne Schneise durch Iserlohn. Bei einigen Straßenquerungen ist Vorsicht geboten! Neben viel Natur beeindrucken alte Industriegebäude mit alternativem Charme. Am Kreisverkehr beim **Bahnhof Iserlohn (P 2)** und dem **Knotenpunkt 55** endet die Bahntrasse. Der Kopfbahnhof wurde 2008 eröffnet. Im Gebäudekomplex befindet sich auch die Tourist-Info (www.iserlohn.de). Vom Bahnhof aus können wir einen Abstecher in die Innenstadt unternehmen.

P2 5.1 km 25 min

Zurück auf dem **Ruhr-Lenne-Achter** fahren wir auf dem „Grüner Weg“ stadtauswärts und biegen Richtung Brandkopf ab. Es folgt eine Waldabfahrt auf unbefestigtem Untergrund (Achtung: Gefahrenstelle!). Nach einer Kehre kommen wir an der ehemaligen Privatbrauerei Iserlohn heraus. Nun liegen drei Kilometer mit viel Straßenverkehr vor uns. Als Familientour mit Kindern ist der **Ruhr-Lenne-Achter** wegen der langen Straßenpassage ohne abgetrennten Radweg nicht zu empfehlen.

In Untergrüne führt der Radweg an der Dechenhöhle (www.dechenhoehle.de) vorbei. Der Abstecher zu einer der größten und schönsten Tropfsteinhöhlen Deutschlands lohnt sich. Die Höhle wurde 1868 zufällig von zwei Eisenbahnarbeitern entdeckt. Obacht: In der Höhle liegt die Temperatur permanent bei 10 Grad! Am Fuß des Burgbergs mit den senkrecht aufragenden Kalkfelsen „Pater und Nonne" treffen wir auf den **Knotenpunkt 56** und erreichen die Lenne sowie den **Lenne-Radweg**. Das neu gestaltete Lenneufer bei **Letmathe (P 3)** wurde 2016 eingeweiht. Die Lennepromenade bietet einen „Balkon", Sitzgelegenheiten und Stufen, die ins Wasser führen.

P3
13.3 km
1h 5min

In Oege erinnern das Thyssenkrupp Kaltwalzwerk und die frühere Hoesch-Arbeitersiedlung „Colonie Oege" an die Zeit der Schwerindustrie. Die Häuser stehen unter Denkmalschutz und bieten eine Mischung aus Art déco, Expressionismus und Heimatstil. Auf der anderen Lenneseite ragt das Schloss Hohenlimburg weithin sichtbar auf dem Schlossberg empor. Nach dem **Knotenpunkt 72** fahren wir unter der A 46 hindurch und wechseln die Flussseite beim **Knotenpunkt 64**.

Entlang der Lenne unterquert der Radweg die A 45 und A 1. Bei einer markanten Eisenbahnbrücke mündet die Lenne in die Ruhr. Ein schönes Plätzchen zum Picknicken. Ein paar Meter weiter erreichen wir den Hengsteysee und können in Ruhe den Blick auf den Ruhrsteilhang mit dem Kaiser-Wilhelm-Denkmal und der Ruine Hohensyburg genießen. Es folgt der **Knotenpunkt 63** unmittelbar vor dem

Am Harkortsee

Lenne-Mündung

Auf dem RuhrtalRadwe

Kaiser-Wilhelm-Denkmal

Parkplatz am Hengsteysee (P 4), einem beliebten Treffpunkt von Motorradfahrern. Hier trennen sich **Kurz-** und **Langstrecke**.

Die Kurzstrecke folgt dem Ruhr-Lenne-Achter über die Ruhrbrücke auf die andere Uferseite zum Abzweig nach Syburg (P 8).

Variante Kurz

Auf der **Langstrecke** verlassen wir den **Ruhr-Lenne-Achter** vorübergehend und fahren auf dem RuhrtalRadweg am Hengsteysee entlang. Nach dem Familienbad Hengstey (www.hagenbad.de) schieben wir das Fahrrad beim Laufwasserkraftwerk über eine Eisenbahnbrücke. Achtung: Die in den Boden eingelassenen Schienen haben schon manchen Radler zu Fall gebracht! Anschließend erreichen wir beim **Knotenpunkt 12** den Abzweig nach Herdecke (www.herdecke.de). Die „Stadt zwischen den Ruhrseen“ bietet sich für ein Päuschen an, sei es am Ruhrufer oder in der nahen Altstadt. Beim Yachthafen markiert das imposante **Brückenviadukt Herdecke (P 5)** den Beginn des Harkortsees. Die Eisenbahnbrücke überspannt auf über 300 Metern das Ruhrtal.

Nun bestimmt das Cuno-Kraftwerk mit seinem langen Schornstein unseren Blick. Eine herrliche Streckenpassage des **RuhrtalRadweges** führt am bewaldeten Seeufer den Steilhang des Harkortberges entlang. Weithin sichtbar sind die Kirche und Burgruine Wetter. Der Seeplatz in Wetter (www.stadt-wetter.de) ist der Wendepunkt unserer Tour und wie geschaffen für eine Pause. Wir können den Blick auf den Harkortsee genießen und im Ausflugslokal

P6
37.4 km
3h 5min

Friedrichs am See (P 6) (www.friedrichsamsee.de) einkehren. Bevor wir den Rückweg antreten, lohnt sich ein Abstecher die Kaiserstraße hinauf zu Burgruine, Kirche und zum Fachwerkviertel „Freiheit“. Zurück am Naturfreibad Wetter (www.tv-freibad-wetter.de) verlassen wir den **RuhrtalRadweg**.

Der folgende Streckenabschnitt ist zwar als Radweg ausgeschildert, zur sicheren Orientierung ist jedoch ein GPS-Gerät hilfreich. Wir überqueren die Ruhrbrücke bei der Ausleitung des Harkortsees und umrunden das Gewerbebiet Friedrichstraße. Anschließend führt ein Abstecher zum idyllisch gelegenen **Wasserschloss Werdringen (P 7)** .

P7
40.5 km
3h 25min

Der Radweg verläuft nun unter dem Brückenviadukt Herdecke hindurch und am Naturschutzgebiet Kaisbergaue entlang. Auf Höhe Herdecke wechseln wir auf der Brücke der B 54 die Ruhrseite. Die Passage zurück zur Brücke am Laufwasserkraftwerk Hengstey kennen wir vom Hinweg.

Wir bleiben am Nordufer und fahren am gewaltigen Koepchenwerk, einem Pumpspeicherkraftwerk, vorüber. Bei geringem Strombedarf wird Wasser in ein künstlich angelegtes Becken oben auf dem Ruhrhang gepumpt und in Spitzenlastzeiten wieder abgelassen. Durch den Pumpspeicherbetrieb kann der Wasserspiegel des Hengsteysees innerhalb kurzer Zeit um 70 Zentimeter schwanken. Entlang des schmalen Ufers radeln wir zur Ruhrbrücke beim **Abzweig nach Syburg (P 8)** und sind zurück auf dem **Ruhr-Lenne-Achter**.

P8
49.2 km
4h 05min

Auf dem RuhrtalRadweg

Auf zur Bootspartie

Es folgt ein herrlicher Streckenabschnitt ruhraufwärts zum Naturbiergarten „Zur Lennemündung“. Wer die sportliche Herausforderung liebt, kann alternativ den Steilhang nach Syburg hinaufstrampeln und vom Kaiser-Wilhelm-Denkmal den Blick ins Ruhrtal genießen. Vorbei am Camping Hohensyburg gelangt man zurück auf den **Ruhr-Lenne-Achter**. Anschließend radeln wir ein Stück an der Bahnlinie entlang und kommen unter der A 1 hindurch. Hinter Westhofen erreichen wir das **Haus Ruhr (P 9)** mit der Ruhr Akademie, einem privaten Institut für Medien, Filmdesign und Kunst.

P9
55.2 km
4h 35min

Nachdem wir unter der A 45 hindurchgerollt sind, führt der Radweg entlang des Ruhrufers am **Knotenpunkt 38** vorbei. Hier bietet sich ein Abstecher nach Schwerte (www.schwerte.de) an. Sodann verläuft der Radweg teils schnurgerade durch die Ruhraue. Wir passieren den Gutshof Wellenbad (www.gutshof-wellenbad.de), wechseln die Flussseite und kommen zum **Knotenpunkt 25**. Nach einem Kilometer zweigt die Westschleife des **Ruhr-Lenne-Achters** beim Lettenhof ab. Wir bleiben jedoch bis zum **Knotenpunkt 22 (P 10)** im Ruhrtal.

P10
66.8 km
5h 35min

Hier verlassen wir die Ruhr und haben den Anstieg zum Gut Lenninghausen vor der Brust. Der Abstecher zum Gutshof mit der historischen Brennerei Bimberg (www.brennerei-bimberg.de) lohnt sich. Anschließend biegen wir in Eichelberg rechts ab und durchfahren eine Senke. Während der Rapsblüte ist die sanft gewellte Landschaft besonders schön und gleicht einem „gelben Meer“. Beim **Knotenpunkt 30** sind wir zurück auf

Fahrt durch die Rapsfelder

Typisch Sauerland

Maste Barendorf

dem **Ruhr-Lenne-Achter** und folgen nach einer kurzen Abfahrt dem Radweg durch das Baarbachtal. Dass der Weg leicht ansteigt, merkt man dank der reizvollen Strecke entlang des Bachlaufs durch Wiesen- und Weideflächen kaum. Nach dem **Knotenpunkt 32** lohnt sich der Abzweig zur historischen Fabrikanlage **Maste Barendorf (P 11)** mit dem Café Barendorf (www.cafe-barendorf.de).

P11
76.3 km
6h 20min

Was wie ein Fachwerkdorf aussieht, ist eine in ihrem ursprünglichen Charakter erhaltene Industrieansiedlung. Die Iserlohner Fabrikanten Duncker und Maste errichteten 1822 ein Messingwalzwerk, dem eine Drahtzieherei, Eisengießerei und Schmiedewerkstätten folgten. Die Nadeln, Kerzenleuchter, Möbel- und Türbeschläge wurden weltweit exportiert. Bei Vorführungen werden heute die alten Handwerke wieder zum Leben erweckt, und Kinder suchen „Die Nadel im Heuhaufen" oder setzen „Iserohn unter Dampf".

Zurück auf dem **Ruhr-Lenne-Achter** geht es im Baarbachtal weiter. Der Radweg führt ein Stück an der B 233 entlang, bevor wir zur Staumauer des Seilersees abbiegen. Wir fahren unter der Brücke der A 46 hindurch, die den See überspannt. Nach dem **Knotenpunkt 53** sind wir zurück am **Parkplatz Eissporthalle (P 1)**. Wie wäre es zum Abschluss mit einem Besuch des Seilerseebades (www.seilerseebad.de)? Alternativ laden die Bänke und Wiesen am Seeufer zur Erholung ein.

Fazit

Der Ruhr-Lenne-Achter verbindet das Sauerland mit dem Ruhrgebiet, dabei begeistern besonders die Streckenabschnitte am Ruhr- und Lenneufer. Wegen zwei längerer Straßenpassagen ist die Tour als Familienausflug mit Kindern jedoch nicht zu empfehlen.

TourTipps

- Tourist-Info Iserlohn, Bahnhofsplatz 2, 58644 Iserlohn, 02371/2171820, www.iserlohn.de
- Tourist-Info Wetter, Kaiserstraße 78, 58300 Wetter, 02335/840188, www.stadt-wetter.de

- Café Barendorf, Baarstraße 220, 58636 Iserlohn, 02371/46628, www.cafe-barendorf.de
- Café Extrablatt Herdecke, Mühlenstraße 11, 58313 Herdecke, 02330/8929009, www.cafe-extrablatt.de
- Friedrichs am See, Strandweg 2, 58300 Wetter, 02335/8484141, www.friedrichsamsee.de
- Gutshof Wellenbad, Zum Wellenbad 7, 58239 Schwerte, 02304/4879, www.gutshof-wellenbad.de
- Naturbiergarten Zur Lennemündung, Syburger Dorfstraße 69, 44265 Dortmund-Syburg, 0175/4861939
- Rohrmeisterei mit Restaurant Glaskasten und Bistro unter'm Kran & Terrasse, Ruhrstraße 20, 58239 Schwerte, 02304/2013001, www.rohrmeisterei-schwerte.de
- Zweibrücker Hof mit Ruhrstrand 54, Zweibrücker Hof 4, 58313 Herdecke, 02330/605-0, www.riepe.com

- MEGABIKE Manasse, Friedrich-Kirchhoff-Straße 4, 58640 Iserlohn, 02371/944100, www.megabike.de
- e-motion e-Bike Welt Herdecke, Hauptstraße 14, 58313 Herdecke, 02330/916278, www.emotion-technologies.de
- Zweiradcenter-Markgraf, Zwischen den Wegen 8, 58239 Schwerte, 02304/9111700, www.zweiradcenter-markgraf.de

- Familienbad Hengstey, Seestraße 4, 58089 Hagen, 02331/3679437, www.hagenbad.de
- Freibad Bleichstein, Hengsteyseestraße 26, 58313 Herdecke, 02230/607877, www.herdecke.de
- Naturfreibad Wetter, Gustav-Vorsteher-Straße 36, 58300 Wetter, 02335/97078-201, www.tv-freibad-wetter.de
- Seilerseebad, Seeuferstraße 26, 58636 Iserlohn, 02371/8071712, www.seilerseebad.de

Tour Download: **BT4X915** (für GPS-Geräte)

Direkt in die App mit scan to go®

Notizen

10 Möhnetal-RuhrtalRadweg

Wir folgen dem MöhnetalRadweg zum Möhnesee, wo Kurz- und Langstrecke zur Wahl stehen. Durch den Arnsberger Wald und entlang der Ruhr geht es nach Arnsberg. Mit der Bahn oder als Zwei-Tages-Tour kehren wir nach Brilon zurück.

Start/Ziel: Bahnhof Brilon Stadt, Bahnhofstraße, 59929 Brilon

N 50° 46' 18.6" E 7° 05' 38.5"

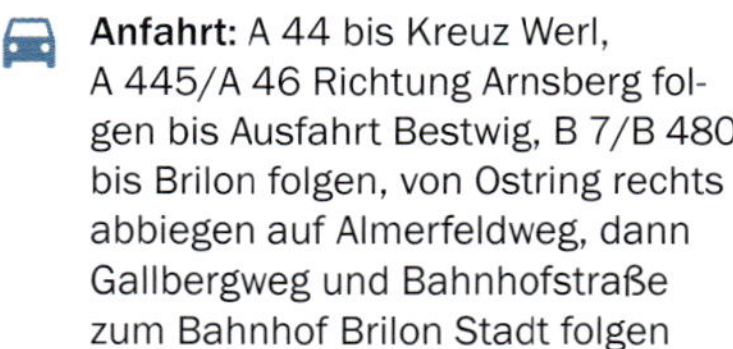

Anfahrt: A 44 bis Kreuz Werl, A 445/A 46 Richtung Arnsberg folgen bis Ausfahrt Bestwig, B 7/B 480 bis Brilon folgen, von Ostring rechts abbiegen auf Almerfeldweg, dann Gallbergweg und Bahnhofstraße zum Bahnhof Brilon Stadt folgen

Parkplatz: P&R Bahnhof Brilon Stadt

Zug: RE 57, RB 42 und RB 55 bis Bahnhof Brilon-Stadt; nicht verwechseln mit Bahnhof Brilon-Wald

Knotenpunkte:
9 - 10 - 38 - 37 - 36 - 67 - 73 - 71 - 75 - 74 - 34 - 30 - 49

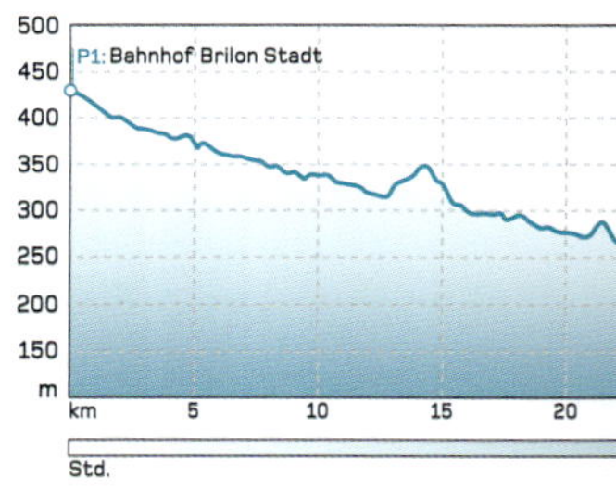

Variante kurz:
69.3 km 5h 45min 642 ↑ ↓ 878

2-Tages-Tour:
128.2 km 10h 40min 1551 ↑ ↓ 1551

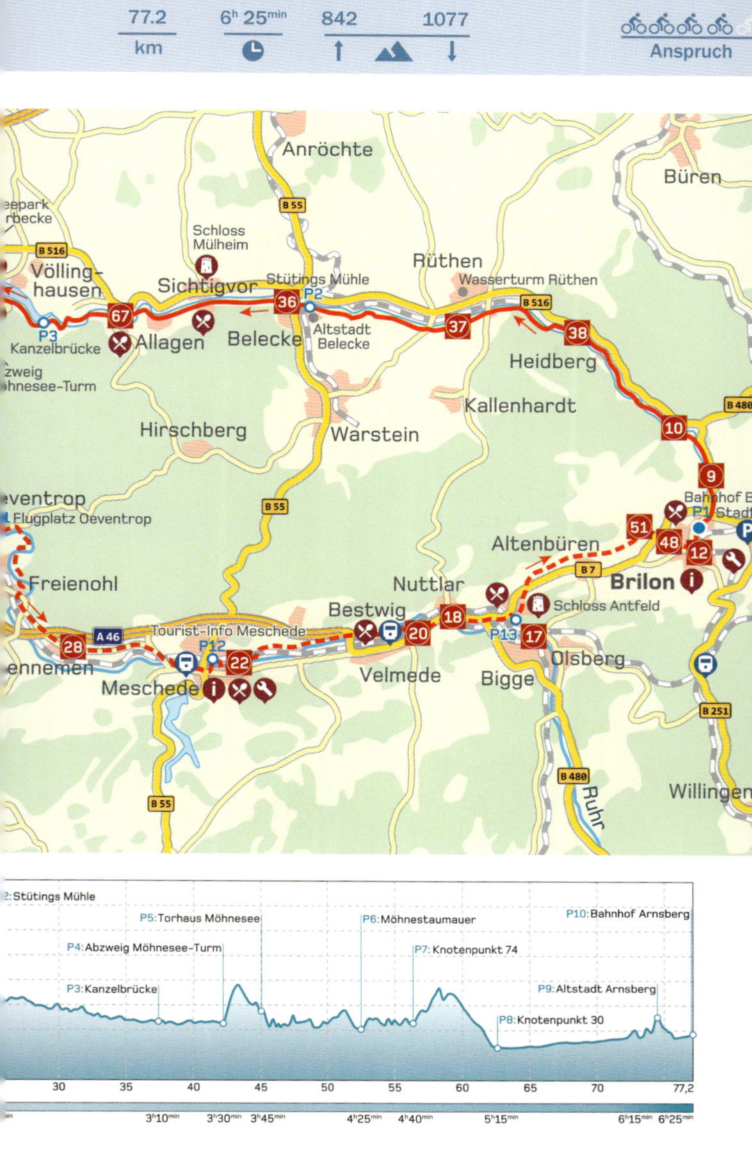

77.2
km
6h 25min
842
1077
Anspruch
Anröchte
Büren
B 55
B 516
Schloss Mülheim
Völlinghausen
Sichtigvor
Stütings Mühle
P2
Rüthen
Wasserturm Rüthen
P3
Kanzelbrücke
Allagen
Belecke
Altstadt Belecke
Heidberg
Kallenhardt
B 480
Hirschberg
Warstein
Bahnhof Brilon Stadt
P1
Flugplatz Oeventrop
Altenbüren
Freienohl
Nuttlar
B 7
Brilon
Schloss Antfeld
Bestwig
Tourist-Info Meschede
A 46
P12
P13
Velmede
Olsberg
Bigge
Meschede
B 251
B 480
Ruhr
Willingen
Stütings Mühle
P5: Torhaus Möhnesee
P6: Möhnestaumauer
P10: Bahnhof Arnsberg
P4: Abzweig Möhnesee-Turm
P7: Knotenpunkt 74
P3: Kanzelbrücke
P9: Altstadt Arnsberg
P8: Knotenpunkt 30
30
35
40
45
50
55
60
65
70
77,2
3h10min
3h30min
3h45min
4h25min
4h40min
5h15min
6h15min
6h25min

Am Westfälischen Meer

Am Möhnesee

Ehemalige Pegel-Anton-Trasse

Stütings Mühle

P1
Start

Los geht es am **Bahnhof Brilon Stadt (P 1)**. Der **MöhnetalRadweg** (www.moehnetalradweg.de) verläuft teilweise auf der Trasse der ehemaligen Möhnetalbahn Brilon-Soest. Der Zug wurde auch „Pegel-Anton“ genannt. „Pegeln“ bedeutet im Sauerland bimmeln. Am Rand des Radweges erinnern einige verrostete Schienen an die Bahnvergangenheit. Außerhalb der Stadt zweigt beim **Knotenpunkt 9** der **Alme-Radweg** ab. Weiter geht es entlang der B 480 und der „jungen“ Möhne, die sich durch das Tal schlängelt. Nach dem **Knotenpunkt 10** begleitet die B 516 den **MöhnetalRadweg**.

Das Möhnetal befindet sich dank des Projekts Möhne-Life (www.moehne-life.de) im Wandel. Teile der Flussaue wurden renaturiert, Wehre und Flussbegradigungen zurückgebaut, Fichten abgeholzt, und Wiesen und Weiden werden wieder nach historischem Vorbild bewirtschaftet. Mehrere Infotafeln erklären die Maßnahmen, und Bänke laden zum Verweilen ein.

Wir radeln im sanft abfallenden Tal durch blühende Wiesen und grüne Wälder. Auf den **Knotenpunkt 38** folgt ein kurzer Anstieg, bevor wir die Ortschaft Möhnetal passieren. Auf Höhe des **Knotenpunktes 37** bestimmt der markante Wasserturm Rüthen den Blick. Das Tal wird nun breiter und offener. Sodann erreichen wir Belecke, wo mehrere Einkehrmöglichkeiten locken.

Die Altstadt liegt abseits des **MöhnetalRadweges** auf einem Hügel. Wer den Anstieg in Kauf nimmt, wird mit einem besonderen Altstadtensemble belohnt. Nach einem Stadtbrand wurden 1805

P2
25.2 km
2h5min

die Straßen im Schachbrettmuster angeordnet. Zurück auf dem Radweg ist **Stütings Mühle (P 2)**, eine ehemalige Korn- und Sägemühle, der nächste Hingucker. Unweit der Mühle kreuzen wir am **Knotenpunkt 36** die Bahnlinie nach Warstein und die B 55.

Auf einer Bahntrassenpassage folgt der Alte Bahnhof Sichtigvor (www.alter-bahnhof-sichtigvor.de) mit Biergarten und zwei Bahnwaggons am Wegrand. Im Hintergrund erblicken wir Schloss Mülheim und die Pfarrkirche. Anschließend überquert der **MöhnetalRadweg** zwei Mal die Möhne. Aus dem Bächlein ist inzwischen ein Fluss geworden. Beim **Knotenpunkt 67** lohnen sich Abstecher zum Loagshof (www.loagshof.de) und zur Galerie Mühle (www.galerie-muehle.de). Durch die Möhneaue geht es weiter zur malerischen **Kanzelbrücke (P 3)**. Die 1912 erbaute Steinbrücke liegt an der Mündung der Möhne in den Möhnesee. Die Brückenpfeiler ähneln Kirchenkanzeln.

P3
37.5 km
3h10min

Radfahrern bietet das „Westfälische Meer" viele Möglichkeiten. Ein Radweg führt um den gesamten Möhnesee herum, und vier Brücken erlauben den Wechsel vom Nord- zum Südufer. Das Nordufer ist stärker besiedelt und touristisch geprägt. Mit dem Seepark Körbecke, dem Strandbad Delecke und dem Strandbad Uferlos in Wamel finden sich hier die offiziellen Badestellen mit großzügigen Liegewiesen und Sandstränden.

Am letzten April-Wochenende startet die FahrradBus-Saison. Fünf FahrradBus-Linien des Regionalverkehrs Ruhr-Lippe (www.rlg-online.de) verbinden den Möhnesee mit umliegenden

Alter Bahnhof Sichtigvor

Kanzelbrücke

Gemeinden und Städten. Die Rückfahrt nach Brilon ist auch mit dem FahrradBus (R51 Körbecke-Belecke und R71 Belecke-Brilon) möglich.

Der **MöhnetalRadweg** bleibt am Südufer. Der Streckenabschnitt zum Stockumer Damm ist ruhig und idyllisch. Auf Gastronomie müssen wir verzichten, dafür laden Bänke zum Rasten und Genießen ein. Ab dem Stockumer Damm wird es lebendiger und die Süduferstraße begleitet den Radweg. Zwischen dem Forsthaus (www.sforsthaus.de) und der Jugendherberge Möhnesee trennen sich **Kurz-** und **Langstrecke** beim Abzweig zum **Möhnesee-Turm (P 4)**.

P4
42.2 km
3h30min

Die Kurzstrecke führt auf dem MöhnetalRadweg am See entlang. Nach dem Minigolf „Am Südufer" kommen wir an einem Wäldchen mit herrlichen Schattenplätzen vorbei und biegen sodann beim Knotenpunkt 72 links ab. Der Radweg zieht sich neben der B 229 den bewaldeten Hügel hinauf zum Torhaus Möhnesee (P 5). Dort überqueren wir beim Knotenpunkt 73 die Bundesstraße und Kurz- und Langstrecke treffen sich. Nach einer Abfahrt rollen wir über den Hevevordamm und folgen dem MöhnetalRadweg entlang des Naturschutzgebiets Hevearm-Hevesee zum Knotenpunkt 74 (P 7).

Variante
kurz

Auf der **Langstrecke** strampeln wir auf einem steilen Schotterweg zum 2014 eröffneten Möhnesee-Turm, dem „Leuchtturm im westfälischen WaldMeer". Ohne Elektrounterstützung ist

Am Möhnesee

der Anstieg eine ziemliche Schinderei. Die 206 Treppenstufen zur Aussichtsplattform haben es ebenfalls in sich. Doch die Mühe lohnt sich. Der Panoramablick auf den glitzernden Möhnesee und den riesigen Arnsberger Wald ist grandios.

P5 45.1 km 3h 45min

Zurück auf dem Fahrrad rollen wir auf dem Klangpfad hinunter zum **Torhaus Möhnesee (P 5)** (www.torhaus-moehnesee.de). Das beliebte Ausflugsziel bietet dank vieler Dekorationsideen und eines Skulpturengartens eine besondere Atmosphäre.

Mit frischen Kräften überqueren wir beim **Knotenpunkt 73** die B 229. Mit der „Naturpromenade Wasser & Wald“ erwartet uns entlang der Hevehalbinsel ein besonders schöner Uferabschnitt. Die Halbinsel ist Rastplatz und Winterquartier vieler Wasservögel. Über die Delecker Brücke gelangen wir ans Nordufer zum **Knotenpunkt 71**.

P6 52.5 km 4h 25min

Der Ort Delecke bietet mehrere Einkehrgelegenheiten, und im Strandbad besteht die Möglichkeit zum Sprung ins kühle Nass. Beim **Knotenpunkt 75** erreichen wir anschließend die **Möhnestaumauer (P 6)**.

Möhnesee-Turm

Die Sperrmauer wurde 1913 fertiggestellt. In schrecklicher Erinnerung bleibt der 17.05.1943. An diesem Tag zerstörten britische Rollbomben die Staumauer, um die deutsche Rüstungsindustrie entscheidend zu schwächen. Die gigantische Flutwelle riss Häuser, Menschen und Vieh mit sich, und das Hochwasser überschwemmte weite Teile des Ruhrgebiets. Der Angriff kosteten 1400 Menschen das Leben. Unter den Toten waren auch viele Kinder, Frauen, Zwangsarbeiter und Kriegsgefangene. Der Wiederaufbau begann unverzüglich und im Oktober 1943 war die Sperrmauer wieder hergestellt.

An der Sperrmauer befindet sich die Hauptanlegestelle der Möhneschifffahrt (www.moehneseeschifffahrt.de). Fahrräder werden auf der MS Möhnesee und der MS Körbecke kostenlos befördert. Nach der 650 Meter langen Talsperre geht es an einem Seitenarm des Möhnesees entlang. Beim **Knotenpunkt 74 (P 7)** erreichen wir den Abzweig nach Arnsberg (Ausschilderung „Bruchhausen") und verlassen Möhnesee und **MöhnetalRadweg**. Der Verbindungsweg zum **RuhrtalRadweg** führt durch den Arnsberger Wald über einen Bergrücken hinweg. Achtung: Die Strecke ist nicht geteert und die ersten 400 Meter rütteln uns ziemlich durch!

P7
56.3 km
4h 40min

Blick vom Möhnesee-Turm

P8
62.7 km
5h15min

Beim **Knotenpunkt 34** haben wir den Anstieg geschafft und rollen durch den Wald in Richtung Ruhrtal. Nachdem wir im Tunnel unter der A 46 hindurchgefahren sind, biegen wir in Richtung Neheim ab und treffen beim **Knotenpunkt 30 (P 8)** auf den **RuhrtalRadweg** (www.ruhrtalradweg.de). Weiter geht es in Richtung Arnsberg. Wir kommen am Freizeitbad NASS (www.nass-arnsberg.de) vorbei und erreichen beim **Knotenpunkt 49** die Ruhr. Flussaufwärts folgt die Ruhrschleife bei Arnsberg. Die Altstadt liegt idyllisch auf einem Bergrücken und wird von der Ruhr umflossen.

P9
74.6 km
6h15min

Der **RuhrtalRadweg** führt im Bogen durch die renaturierte Ruhraue. Die Ruhr bildet die Schnittstelle zwischen Alt- und Neustadt. Den Abstecher in die **Altstadt von Arnsberg (P 9)** darf man sich nicht entgehen lassen. Ein steiler Serpentinenweg führt ins Klassizismus-Viertel am Neumarkt. Hier finden wir auch die Tourist-Info (www.arnsberg-info.de). Weiter geht es den Berg hinauf vorbei am Sauerland-Museum (www.sauerland-museum.de) ins mittelalterliche Viertel rund um den Glockenturm. Das Wahrzeichen der Stadt war ein Teil der ehemaligen Stadtbefestigung. Die Schleife durch Alt-Arnsberg endet bei der Schlossruine.

P10/Ziel
77.2 km
6h25min

Die Bilderbuch-Altstadt mit Kopfsteinpflaster, verwinkelten Gassen, stattlichen Adelshöfen und gemütlichen Lokalen bildet den perfekten Rahmen für einen geruhsamen Tourenausklang. Auf dem Rückweg lohnt sich der Abstecher zum Kloster Wedinghausen. Zurück auf dem **RuhrtalRadweg** folgen wir der Ruhr-Promenade zur Eisenbahnbrücke, wo wir den Abzweig zum Bahnhof erreichen. Am **Bahnhof Arnsberg (P 10)** endet die **Tagestour (Kurz-** und **Langstrecke)**. Mit dem Zug kommen wir zurück zum Bahnhof Brilon-Stadt.

Möhne-Staumauer

Blick auf Arnsberg

Bei der 2-Tages-Tour bietet sich Arnsberg zur Übernachtung an. In der Altstadt sind der Ratskeller Arnsberg (www.ratskeller-arnsberg.de) und der Landsberger Hof (www.landsberger-hof.de) zu empfehlen. Weitere Übernachtungsmöglichkeiten siehe www.bedundbike.de. Am zweiten Tag fahren wir auf dem Ruhrtal Radweg und der GeoRadroute Ruhr-Eder zurück nach Brilon. Die Strecke beinhaltet mehrere Passagen auf straßenbegleitenden Radwegen und führt stetig leicht bergauf mit einem steilen „Schlussanstieg“ zwischen Antfeld und Altenbüren.

2-Tages Tour

Nach Arnsberg verläuft der RuhrtalRadweg entlang der L 735. In Uentrop wechseln wir die Straßenseite und radeln unter der A 46 hindurch. Im Zickzack geht es mal auf der rechten, mal auf der linken Ruhrseite weiter. In Oeventrop passieren wir nach der Ruhrbrücke den Segelflugplatz Oeventrop (P 11) und können uns auf einen wunderbaren Streckenabschnitt fernab des Straßenverkehrs freuen. Der Radweg begleitet die Ruhr durch den Erlenwald des Naturschutzgebietes Ruhrlauf Wildshausen. Achtung: Diese Passage ist nicht geteert!

P11
85.1 km
7h5min

Anschließend fahren wir am Ortsrand von Freienohl entlang. Nach einer 180-Grad-Kehre queren wir die Ortsstraße und haben eine weitere Passage auf unbefestigtem Untergrund zu bewältigen. Wir wechseln die Flussseite, und es folgt ein langer Streckenabschnitt entlang der L 743. Beim Knotenpunkt 28 treffen wir auf die HenneseeSchleife (siehe Tour 13), die uns bis Meschede begleitet. In der Stadt passieren wir die Tourist-Info (P 12), und beim Knotenpunkt 22 können wir einen Abstecher zur Abtei Königsmünster unternehmen. Meschede verfügt über reichlich Gastronomie und bietet sich als Verpflegungsstopp an. Mit frischen Kräften geht es in Nähe der Bahnlinie stetig leicht

P12
102.4 km
8h30min

Alter Markt Arnsberg

Im Bürgergarten

Ruhr-Wiesen

An der Ruhr

ansteigend weiter. Nach Velmede bietet sich ein Rastplatz am Ufer der renaturierten Ruhr für ein Päuschen an. Anschließend kommen wir in Bestwig am **Knotenpunkt 20** vorbei und folgen dem **RuhrtalRadweg** entlang der B 7. In Nuttlar passieren wir den **Knotenpunkt 18** und dürfen beim **Knotenpunkt 17 (P 13)** den Abzweig auf die **GeoRadroute Ruhr-Eder** (www.georadroute.de) nicht verpassen (sonst landen wir in Winterberg).

P13
117.0 km
9h45min

Der weitere Streckenverlauf wird in **Tour 11** ausführlich beschrieben. Zwischen Antfeld und Altenbüren führt der Radweg steil bergauf. Ja, wir sind im Hochsauerland angekommen. Nach dem **Knotenpunkt 51** strampeln wir über den „letzten Hügel" hinweg und erreichen beim **Knotenpunkt 48** die Innenstadt von Brilon. Nun haben wir uns einen Einkehrschwung redlich verdient. Nach einem Stadtbummel rollen wir am **Knotenpunkt 12** vorbei zurück zum Ausgangspunkt am **Bahnhof Brilon Stadt (P 1)**.

P1/Ziel
128.2 km
10h 40min

Fazit

Eine Tour der Extraklasse! Entspanntes Flussradeln entlang der Möhne, Urlaubsfeeling am Möhnesee und eine Bilderbuchaltstadt in Arnsberg. Als Zwei-Tages-Tour geht es auf dem RuhrtalRadweg und der GeoRadroute Ruhr-Eder zurück

Tour Tipps

▸ Weitere Adressen siehe Tour 11 und Tour 13

- Tourist Info Arnsberg, Neumarkt 6, 59821 Arnsberg, 02931/4055, www.arnsberg-info.de
- Tourist-Info Brilon, Derkere Straße 10a, 59929 Brilon, 02961/9699-0, www.tourismus-brilon-olsberg.de
- Tourist Info Möhnesee, Hauptstraße 19, 59519 Möhnesee-Körbecke, 02924/981-391, www.moehnesee.de

- Alter Bahnhof Sichtigvor, Römerstraße 1, 59581 Warstein-Sichtigvor, 02925/2512, www.alter-bahnhof-sichtigvor.de
- Altes Backhaus, Alter Markt 27, 59821 Arnsberg, 02931/5220-0, www.altesbackhaus.de
- Braubrüder Bierkulinarik, Neumarkt 6, 59821 Arnsberg, 02931/5327975, www.braubrueder-arnsberg.de
- Der Jägerhof, Am Markt 11, 59929 Brilon, 02961/987740, www.derjaegerhof.de
- Essbahn, Bundesstraße 139, 59909 Bestwig, 02904/3050, www.fischer-nuttlar.de
- Forsthaus am Möhnesee, Südufer 28, 59519 Möhnesee, 02924/9707600, www.sforsthaus.de
- Geronimo, Linkstraße 17, 59519 Möhnesee-Delecke, 02924/851080, www.cafe-geronimo.de
- Loagshof, Sauerlandstraße 14, 59581 Warstein-Niederbergheim, 02925/3903, www.loagshof.de
- Ratskeller Arnsberg, Alter Markt 36, 59821 Arnsberg, 02931/3672, www.ratskeller-arnsberg.de
- Torhaus Möhnesee, Arnsberger Straße 4, 59519 Möhnesee, 02924/97240, www.torhaus-moehnesee.de

- Zweirad-Welt Neumann, Keffelker Straße 12, 59929 Brilon, 02961/9148860 und Ostring 2, 59929 Brilon, 02961/9148867, www.liquid-life.de
- Quadflieg, Heinrich-Lübke-Straße 11, 59759 Arnsberg-Hüsten, 02932/4424, www.quadflieg-arnsberg.de
- Theo's Zweiradtreff, Dieselstraße 1, 59823 Arnsberg, 02931/788240, www.greenfinder.de

- NASS - Neues Freizeitbad Arnsberg, Am Solepark 15, 59759 Arnsberg, 02932/47573-0, www.nass-arnsberg.de
- Strandbad Delecke, Linkstraße 20, 59519 Delecke

Tour Download: **BT41015** (für GPS-Geräte)

Direkt in die App mit scan to go®

11 RuhrtalRadweg – Auftakt

Der RuhrtalRadweg beginnt in Winterberg. Die Auftaktetappe bis Olsberg ist besonders reizvoll und dank des Gefälles eine Strecke zum Bergabrollen. Während die Kurzstrecke am Bahnhof Bigge endet, folgt die Langstrecke der GeoRadroute Ruhr-Eder bis Brilon.

Start/Ziel: Bahnhof Winterberg, Bahnhofstraße 12, 59955 Winterberg

N 51° 11' 56.5" E 8° 31' 57.6"

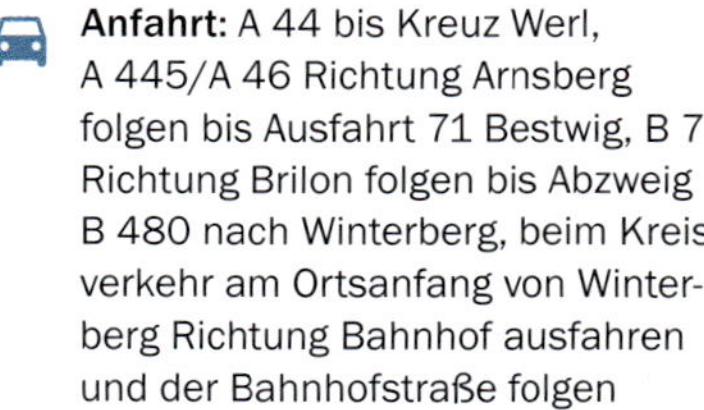

Anfahrt: A 44 bis Kreuz Werl, A 445/A 46 Richtung Arnsberg folgen bis Ausfahrt 71 Bestwig, B 7 Richtung Brilon folgen bis Abzweig B 480 nach Winterberg, beim Kreisverkehr am Ortsanfang von Winterberg Richtung Bahnhof ausfahren und der Bahnhofstraße folgen

Parkplatz: Parkplatz Oversum Vital Resort, Am Kurpark 6, 59955 Winterberg

Zug: RE 57 bis Bahnhof Winterberg

Knotenpunkte:
14 - 15 - 16 - 17 - 51 - 48 - 12

Variante kurz:

25.3 km 2h 5min 262 ↑ ↓ 589

Eversberg
A 46
B 55
Meschede
Ruhr
Wehrstapel
Hennesee
Remblinghausen
B 55
RUHRTAL RADWEG
GeoRadroute Ruhr-Eder
3 km
B 511

800
700
600
500
400
300
m
P2: Ruhrquelle
P1: Bahnhof Winterberg
km 2 4 6 8 10
Std. 15min

38.6
km
3h 15min
557
781
Anspruch
P1 Bahnhof Winterberg
P2 Ruhrquelle
P3 Rosendorf Assinghausen
P4
P5 Kropff'sches Haus
P6
P7
Abzweig Bahnhof Bigge
P8
P9 Kirche St. Petrus und Andreas
P10 Bahnhof Brilon Stadt
Altenbüren
Antfeld
Bestwig
Bahnhof Bestwig
Velmede
Bahnhof Bigge
Bigge
Olsberg
Brilon
Beringhausen
Hoppecke
Diemelsee
Pfering-hausen
Bahnhof Brilon Wald
Bruch-hausen
Ramsbeck
Assinghausen
Wiemering-hausen
Willingen
Usseln
Brunskappel
Ruhr
Niedersfeld
Siedlinghausen
Oberschledorn
Eschenberglift
Bödefeld
Grönebach
Medebach
Winterberg
Kahler Asten
B 7
B 480
B 251
B 236
51
48
12
17
16
15
14
P5: Kropff'sches Haus
P6: Abzweig Bahnhof Bigge
P10: Bahnhof Brilon Stadt
P3: Rosendorf Assinghausen
P8: Knotenpunkt 51
P4: Knotenpunkt 15
P7: Knotenpunkt 17
P9: Kirche St. Petrus und Andreas
14
16
18
20
22
24
26
28
30
32
34
36
38,6
1h20min
1h35min
1h55min
2h5min
2h15min
2h55min
3h10min
3h15min

Wo alles beginnt

Idylle pur auf dem RuhrtalRadweg

Der RuhrtalRadweg (www.ruhrtalradweg.de) begleitet die Ruhr auf 240 Kilometern von der Quelle bis zur Mündung in den Rhein. Für unsere Tagestour wählen wir die landschaftlich besonders reizvolle Auftaktetappe. Die Strecke ist zwar nicht durchgehend asphaltiert, dafür verläuft der RuhrtalRadweg bis Olsberg dank des Höhenunterschiedes von 330 Metern meist angenehm bergab. Los geht es am Bahnhof Winterberg (P 1).

P1
Start

Winterberg (www.winterberg.de) ist mit 670 Metern die höchstgelegene Stadt Nordrhein-Westfalens und lockt speziell im Winter viele holländische Gäste an. Zu den Hauptsehenswürdigkeiten des Ortes zählen der 841 Meter hohe Kahle Asten, die Kunsteisbahn (www.veltins-eisarena.de), der Erlebnisberg Kappe und die St. Georg Skisprungschanze.

Der Bahnhof liegt am Ortsrand. Nachdem wir Winterberg hinter uns gelassen haben, führt der RuhrtalRadweg durch ein weitläufiges Waldgebiet in Richtung des Ruhrkopfes. Am Nordosthang des „Berges“ entspringt die Ruhr. Die Ruhrquelle (P 2) liegt ein paar Meter oberhalb des Radweges. Bei der Quelle befindet sich ein Gedenkstein, und ein ummauertes Rondell lädt zu einer Verschnaufpause ein. Kaum zu glauben, dass hier der Fluss entspringt, der dem Ruhrgebiet seinen Namen gibt. Anschließend kommen wir an mehreren aufgestelzten Blockhütten des Infozentrums Waldwirtschaft vorbei und fahren über blühende Bergwiesen.

P2
3.1 km
15 min

Dieser Streckenabschnitt verläuft auf wassergebundener Decke. Bei Nässe ist besondere Vorsicht geboten! Die Landschaft erinnert an das Alpenvorland. Wir passieren die Ruhrquellenhütte (www.ruhrquelle.com), von der ein Lift zum Hengstkopf führt.

St. Georg Sprungschanze in Winterberg

An der Ruhrquelle

Mountaincarts versprechen Downhill-Spaß für Jung und Alt. Doch auch der **RuhrtalRadweg** bietet bis Olsberg eine Strecke zum Dahinrollen. Sodann radeln wir an der Talstation des Eschenberglifts und einer Kartbahn vorbei, bevor wir in Hanglage am Ortsrand von Niedersfeld entlangfahren.

Beim Haus Wildenstein überqueren wir die Ruhr und die B 480. Auf der anderen Talseite können wir die Fahrt durch die Bilderbuchlandschaft auf Asphalt fortsetzen. Nach einer rasanten Abfahrt erreichen wir **Assinghausen (P 3)** . Der Ort darf sich seit 2007 offiziell „Rosendorf“ (www.rosendorfassinghausen.jimdofree.com) nennen.

P3
15.9 km
1h 20min

Doch es gibt nicht nur blühende und duftende Rosen zu bewundern. Assinghausen besticht mit vielen schmucken Fachwerkhäusern, der Küsterlandkapelle am Ortseingang und der Ölberggrotte. Im Gasthof Kettler (www.gasthofkettler.de) können wir frische Kraft „tanken“.

Am Ortsende passieren wir den **Knotenpunkt 14** und wechseln zurück auf die westliche Talseite. Wir kommen an einem riesigen Holzbetrieb vorbei und folgen dem **RuhrtalRadweg** durch Wald und Wiese talwärts. Unmittelbar vor dem nächsten Knotenpunkt müssen wir bei der steilen Abfahrt ins Negertal in einer Spitzkehre gut aufpassen!

P4
19.3 km
1h 35min

Der **Knotenpunkt 15 (P 4)** markiert den Abzweig nach Siedlinghausen. Anschließend überqueren wir die L 742 und die Bahntrasse. Nach einem kurzen Anstieg geht es entlang der Bahnlinie weiter. Am Ortsrand von Olsberg führt der Radweg in einer weiten Schleife hinab zum Stausee Olsberg.

Olsberg nennt sich „Tor zum Hochsauerland“ und ist der älteste Kneippkurort im Sauerland. Beim Café Hagemeister (www.cafe-hagemeister.com) treffen wir an der Ruhrbrücke auf den **Knotenpunkt 16**. Die Ruhr hat sich inzwischen zu einem kleinen Fluss gemausert. Für einen Abstecher durch die Stadt verlassen wir vorübergehend den **RuhrtalRadweg**. Über den Kreisverkehr am Markt gelangen wir zu einer Augenweide des Ortes, dem **Kropff'schen Haus (P 5)**.

Vierbeinige „Zuschauer“ an der Strecke

Im Rosendorf Assinghausen

Die Geschichte des Gebäudes ist mit Ida Kropff-Federath verbunden. Die bemerkenswerte Frau war nach dem Tod ihres ersten Ehemanns Alleinerbin der Olsberger Hütte und zeichnete sich durch ihr großes soziales Engagement aus. Zusammen mit ihrem zweiten Ehemann gründete sie eine Stiftung für Waisenkinder, die Kropff-Federath'sche Stiftung. So dient der Gebäudekomplex heute der Jugendhilfe Olsberg.

P6
25.0 km
2h 5min

Auf dem Rückweg bieten sich der Gasthof Zur Post (www.gasthof-zur-post.eu) und das Café Kropff (www.gasthof-kropff.de) zur Einkehr an. Auf dem **RuhrtalRadweg** folgt nach der Ruhrbrücke die Tourist-Info (www.tourismus-brilon-olsberg.de) im Kur- und Freizeitzentrum. Anschließend erreichen wir das AquaOlsberg (www.aquaolsberg.de) mit dem VitalBistro. Nach 650 Metern entlang der Ruhr kreuzt der Radweg die Stadionstraße und wir treffen auf den Abzweig zum **Bahnhof Bigge (P 6)**. Hier trennen sich **Kurz-** und **Langstrecke**.

Variante kurz

Die Kurzstrecke endet nach 350 Metern beim Bahnhof Bigge, wo wir mit dem Dortmund-Sauerland-Express RE 57 nach Winterberg zurückfahren können. Olsberg besitzt zwei Bahnhöfe. Der Bahnhof Bigge liegt an der Strecke nach Winterberg. Am Bahnhof Olsberg geht es Richtung Brilon. Wie wäre es vor der Rückfahrt mit einem Besuch des AquaOlsbergs? Mit Solebecken, Kneipp-Box und Waldsauna zählt sie zu den schönsten Thermen im Sauerland.

Kropffsches Haus

Auf der GeoRadroute Ruhr-Eder

Auf der **Langstrecke** erwartet uns der kurze Steilanstieg Richtung Steinkleffhütte. Mit maximaler Unterstützung schaffen E-Biker die Steigung. Auf dem engen Waldweg bietet es sich jedoch an, ein paar Meter zu schieben. Zurück im Tal, kommen wir an einem riesigen Holzwerk vorbei und erreichen den **Knotenpunkt 17 (P 7)**. Hier verabschieden wir uns von der Ruhr sowie dem **RuhrtalRadweg** und folgen der **GeoRadroute Ruhr-Eder** nach Antfeld. Links des Radweges lockt der Gasthof Susewind (www.gasthofsusewind.de), und rechts des Radweges können wir einen Blick auf Schloss Antfeld werfen.

P7
27.0 km
2h 15min

Auf dem folgenden Streckenabschnitt wird das Hochsauerland seinem Ruf als „Land der 1000 Berge“ gerecht. Ein erster Anstieg führt zur B 7. Achtung: Die Überquerung der Bundesstraße ist eine Gefahrenstelle! Weiter geht es über freie Felder und Wiesen auf die Hochfläche bei Altenbüren. Wir passieren einen kleinen Gewerbepark und können die herrliche Aussicht genießen. In der Hügellandschaft vor uns bestimmt der Turm der Briloner Kirche St. Petrus und Andreas den Blick. Nach einer rasanten Abfahrt erreichen wir bei Kleinschmidts Mühle den **Knotenpunkt 51 (P 8)**. Noch ein Anstieg, dann sind wir in Brilon (www.tourismus-brilon-olsberg.de).

P8
35.1 km
2h 55min

In der Stadt passieren wir den **Knotenpunkt 48** und durchfahren einen Kreisverkehr. Gegen den Uhrzeigersinn radeln wir anschließend um die **Kirche St. Petrus und Andreas (P 9)** herum. Der mächtige Kirchturm ist das Wahrzeichen der Stadt.

P9
37.5 km
3h 10min

In der Fußgängerzone

Das Rathaus von Brilon mit seiner stilvollen Barockfassade entstand um 1250 und gehört zu den ältesten Rathäusern Deutschlands. Den besonderen Charme Brilons prägen seine vielen Fachwerkhäuser. Etwas Besonderes ist auch das Haus Hövener (www.haushoevener.de). Das 1803 erbaute klassizistische Gebäude liegt direkt am Marktplatz und bietet die perfekte Kulisse für ein Museum.

Rathaus Brilon

P10/Ziel
38.6 km
3h 15min

Um die Tour gemütlich ausklingen zu lassen, sind der Jägerhof (www.derjaegerhof.de) und das Café am Markt empfehlenswerte Adressen. Vom Rathauseck geht es durch die Fußgängerzone zum **Knotenpunkt 12**, wo wir zum **Bahnhof Brilon Stadt (P 10)** abbiegen. Achtung: Bei der Rückfahrt mit der Bahn müssen wir zunächst nach Bestwig fahren und dort in den Zug nach Winterberg umsteigen!

Gastronomie am Marktplatz

Fazit

Die Tour entführt uns in die herrliche Waldgebirgslandschaft des Hochsauerlandes. Dank der Höhendifferenz können wir oft gemütlich dahinrollen. Die Strecke verläuft zu Beginn auf Wald- und Forstwegen und empfiehlt sich für Schönwettertage.

TourTipps

- Tourist-Info Brilon, Derkere Straße 10a, 59929 Brilon, 02961/9699-0, www.tourismus-brilon-olsberg.de
- Tourist-Info Olsberg, Ruhrstraße 32, 59939 Olsberg, 02962/97370, www.tourismus-brilon-olsberg.de
- Tourist-Info Winterberg, Am Kurpark 4, 59955 Winterberg, 02981/92500, www.winterberg.de

- Café Hagemeister, Ruhrstraße 9, 59939 Olsberg, 02962/9744305, www.cafe-hagemeister.com
- Café Kropff, Carls-Aue-Straße 1, 59939 Olsberg, 02962/2992, www.gasthof-kropff.de
- Der Jägerhof, Am Markt 11, 59929 Brilon, 02961/987740, www.derjaegerhof.de
- Gasthof Kettler, Bruchhauser Straße 1, 59939 Olsberg-Assinghausen, 02962/2543, www.gasthofkettler.de
- Gasthof Susewind, Franz-Hoffmeister-Straße 18, 59939 Olsberg-Antfeld, 02962/880868, www.gasthofsusewind.de
- Gasthof Zur Post, Markt 1, 59939 Olsberg, 02962/97400, www.gasthof-zur-post.eu
- Hotel Liebesglück, Nuhnestraße 5, 59955 Winterberg, 02981/92230, www.hotel-liebesglueck.de
- Kaffeehaus, Marktstraße 1, 59955 Winterberg, 02981/5089671
- Ruhrquellenhütte, Haarfelder Straße 101, 59955 Winterberg, 02981/3241, www.ruhrquelle.com

- Zweirad-Welt Neumann, Keffelker Straße 12, 59929 Brilon, 02961/9148860 und Ostring 2, 59929 Brilon, 02961/9148867, www.liquid-life.de

- AquaOlsberg, Zur Sauerlandtherme 1, 59939 Olsberg, 02962/845050, www.aquaolsberg.de

Zurück in Winterberg

Tour Download: **BT41115** (für GPS-Geräte)

Direkt in die App mit scan to go®

Sauerland

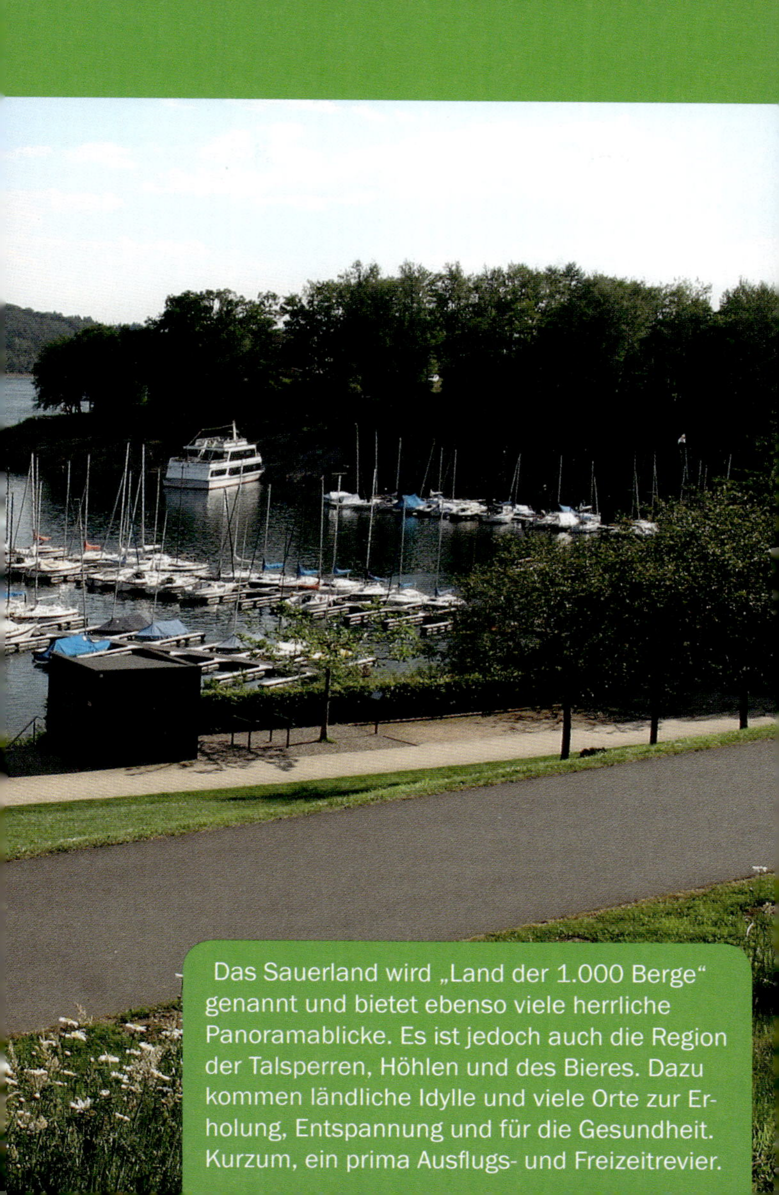

Das Sauerland wird „Land der 1.000 Berge" genannt und bietet ebenso viele herrliche Panoramablicke. Es ist jedoch auch die Region der Talsperren, Höhlen und des Bieres. Dazu kommen ländliche Idylle und viele Orte zur Erholung, Entspannung und für die Gesundheit. Kurzum, ein prima Ausflugs- und Freizeitrevier.

12 SauerlandRadring

Wo wir heute radeln, fuhren früher Züge. Der Sauerland-Radring führt zum Großteil auf ehemaligen Bahntrassen durch Fretter-, Wenne- und Lennetal und verbindet die Orte Finnentrop, Eslohe, Schmallenberg und Lennestadt. Als Ausgangspunkt bietet sich Finnentrop an.

Start/Ziel: P&R Bahnhof Finnentrop, An der L 539, 57413 Finnentrop

N 50° 46‘ 18.6“ E 7° 05‘ 38.5“

Anfahrt: A 45 bis Ausfahrt 14 Lüdenscheid, Brunscheider Straße/Höhenweg/Nordheller Weg bis Werdohl folgen, links auf B 236 Richtung Finnentrop abbiegen, beim Kreisverkehr am Ortsanfang von Finnentrop auf L 539 Richtung Attendorn ausfahren, nach 700 Metern rechts auf den P&R Bahnhof Finnentrop abbiegen

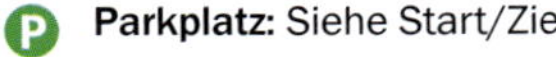

Parkplatz: Siehe Start/Ziel

Zug: Ruhr-Sieg-Express RE 16, Ruhr-Sieg-Bahn RB 91 und Biggesee-Express RB 92 bis Bahnhof Finnentrop

Knotenpunkte:
50 - 49 - 55 - 42 - 44 - 45 - 46 - 50 - 52 - 39 - 37 - 41 - 46 - 47 - 48

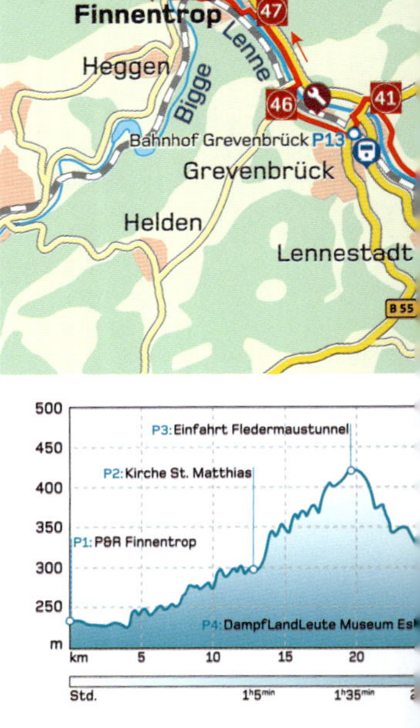

86.5
km
7h 15min
1229
1229
Anspruch
P5 44
DampfLandLeute Museum Eslohe P4
Sieperting
42
Eslohe
P6 45
Bremke
B 55
Reiste
Einfahrt
Fledermaustunnel
P3
Fehren-
bracht
55
Kückelheim
Frieling-
hausen
Dorlar
Oberhenneborn
B 511
Mailar
Serkenrode
Cobbenrode
Fretter
P2 Kirche St. Matthias
B 55
Heiminghausen
Bad Fredeburg
Bike Parcours
Bad Fredeburg
P7 Wende-
punkt
Oedingen
Bracht
Gleidorf
46
Elspe
B 236
Lenne
50
Tourist-Info Schmallenberg P8
Besteckfabrik Hesse P9
Schmallenberg
Halberbracht
Hundesossen
B 236
52
P12 Sauerland Pyramiden
Siciliaschacht
Saalhausen
Lenne
Fleckenberg
Meggen
39
B 236
TalVital
P10 Tourist-Info Saalhausen
Langenei
P11 37
Altenhundem
2 km
Radring
P5: Knotenpunkt 44
P7: Wendepunkt
P6: Knotenpunkt 45
P8: Tourist-Info Schmallenberg
P9: Besteckfabrik Hesse
P1: PBR Finnentrop
P13: Bahnhof Grevenbrück
P12: Sauerland-Pyramiden
P10: Tourist-Info Saalhausen
P11: Knotenpunkt 37
30
35
40
45
50
55
60
65
70
75
80
86,5
2h35min
3h40min
4h15min
4h25min
5h10min
5h50min
6h10min
6h40min
7h15min

Im Zeichen der Fledermaus

In Eslohe

Wasserschloss Lenhausen

Fledermaustunnel

P1
Start

Wir steigen beim **P&R Finnentrop (P 1)** auf die Räder und folgen „der Fledermaus". Das Logo des **SauerlandRadrings** zeigt einen Radfahrer vor der Silhouette des Fledermaustunnels (www.sauerlandradring.de). Zum Einrollen ist die flache Strecke im Tal der Lenne ideal. In Lenhausen verabschieden wir uns beim **Knotenpunkt 50** vom Fluss und biegen ins Fretterbachtal ab. Beim Wasserschloss Lenhausen ist der erste Tagesanstieg zu bewältigen. Es folgt eine Straßenpassage, bis wir nach einem Holzbetrieb den Beginn des Bahntrassenradweges erreichen.

Die ehemalige Bahntrasse führte von Finnentrop nach Wennemen durch Fretter- und Wennetal. Von 1963 bis 1965 nutzte die Eilzugverbindung Köln-Paderborn, im Volksmund der Kardinals-Express, den Streckenabschnitt. Unterwegs erinnern Kilometermarkierungen, Signalanlagen, eine restaurierte Lokomotive, ein alter Güterwaggon und ehemalige Bahnhofsschilder an die Eisenbahnhistorie.

Danach passieren wir einen Forellenzuchtbetrieb und den **Knotenpunkt 49**. Auf Höhe Frettermühle verläuft der Radweg entlang der Esloher Straße. In der landwirtschaftlich geprägten Gegend folgt Fretter mit der eindrucksvollen **Kirche St. Matthias (P 2)**. Das Le Bistro (www.pension-zur-post.com) bietet sich für eine erste Verschnaufpause an. Zurück auf der Bahntrasse geht es weiter durch die Wald- und Wiesenlandschaft. Auf den Weiden bestimmen rot-weiß gescheckte Kühe das Bild.

P2
12.7 km
1h5min

Der Radweg steigt ab Lenhausen kontinuierlich an, doch dank der Bahntrasse lässt sich der Anstieg gut treten. Am Ortsrand von Fehrenbracht erreichen wir den **Knotenpunkt 55**. Von Ende Oktober bis Anfang April ist der Kückelheimer Tunnel zum Schutz der Fledermäuse geschlossen, und es besteht eine Umfahrungsmöglichkeit. In der übrigen Jahreszeit kommen wir nach gut 500 Metern zur Einfahrt in den **Fledermaustunnel (P 3)**.

P3 19.4 km 1h 35min

Mit 8 bis 10 Grad ist es auch im Sommer in dem knapp 700 Meter langen Tunnel frisch. Zurück am Tageslicht führt der **SauerlandRadring** bei Kückelheim in einer Schleife kurz steil bergab. Bei Nässe ist besondere Vorsicht geboten! Ansonsten rollen wir gemütlich dahin und können die Landschaft genießen. Nach dem **Knotenpunkt 42** erreichen wir am Ortsrand von Eslohe das **DampfLandLeute Museum Eslohe (P 4)** (www.museum-eslohe.de).

P4 26.0 km 2h 10min

Das Museum zeigt das Leben und Arbeiten der Menschen der Region im 19. und 20. Jahrhundert. Technikfreaks begeistert besonders die Dampfmaschinensammlung. Höhepunkt des Jahres sind die Esloher Dampftage. Dann zieht die Museumsdampflok auf dem Gelände ihre Runden.

Ein paar Meter weiter biegt der **SauerlandRadring** vor dem Forellenhof Poggel (www.forellenhof-poggel.de) links ab. Wer geradeaus fährt, kann Eslohe mit seinen vielen netten Fachwerkhäusern, dem Esloher Brauhaus (www.essel-braeu.de) und dem Esselbad (www.eslohe.de) einen Besuch abstatten. Zurück auf dem Radweg, radeln wir um den Rehenberg herum zum **Knotenpunkt 44 (P 5)** an der L 541. Hier zweigt die **HenneseeSchleife** (siehe **Tour 13**) ab.

P5 28.3 km 2h 20min

DampfLandLeute Museum Eslohe

„Fahrradbekleidung“ in Schmallenberg

Als **2-Tages-Tour** *lassen sich* **SauerlandRadring** *und* **HenneseeSchleife** *prima kombinieren. Dazu starten wir am besten in Meschede und übernachten in Saalhausen.*

Tipp!

Der **SauerlandRadring** verläuft enlang der L 541 und B 55 nach Bremke. Beim **Knotenpunkt 45 (P 6)** zweigt der nächste Bahntrassenabschnitt ab. Wir nutzen die ehemalige Bahnlinie Wenholthausen-Fredeburg. Vor uns liegt ein herrlicher Streckenabschnitt abseits des Straßenverkehrs im „Land der tausend Berge". Zum Glück geht es auf dem Radweg bahntrassentypisch moderat bergauf. Im Sommer spendet eine 1,5 km lange Eschenallee Schatten. Anschließend queren wir die B 511 und kommen am Einstieg zum Bike Parcours Bad Fredeburg vorüber.

P6
31.1 km
2h35min

Der **SauerlandRadring** führt oberhalb der B 511 an Bad Fredeburg (www.bad-fredeburg.de) vorbei und passiert am Ortsende den höchsten Punkt der Strecke. Ab diesem **„Wendepunkt" (P 7)** geht es bis Finnentrop tendenziell bergab. Beim **Knotenpunkt 46** erreichen wir Schmallenberg. Die Stadt liegt auf einer Hügelkuppe und wird von der Lenne umflossen. Nach einem Kreisverkehr sind wir beim **Knotenpunkt 50** im Ortszentrum angekommen. Schnäppchenjäger führt der Werksverkauf der Firma Falke (Strümpfe!) in die Ohlgasse 5 auf die „andere Seite" der Stadt.

P7
44.1 km
3h40min

Beim Bummel durch den Stadtkern fällt auf, dass die Straßen einem streng geometrischen Muster folgen. In die längs verlaufende Ost- und Weststraße münden im rechten Winkel zahlreiche Querstraßen. Nach mehreren Stadtbränden wurde das „neue Schmallenberg" 1822 bis 1825 nach klassizistischen Bauvorstellungen errichtet.

Rast in Schmallenberg

Blick auf die „Strumpfstadt“

In Saalhausen

Die Lenne bei Saalhausen: traumhaft schön!

Schmallenberg (www.schmallenberger-sauerland.de) bietet sich auch wegen vieler Cafés und Gaststätten für eine ausgiebige Pause an. Direkt am **SauerlandRadring** liegt ein Stück den Hang hinab die **Tourist-Info Schmallenberg (P 8)**. Mit einem Blick auf das Stadtpanorama durch einen riesigen Bilderrahmen verabschieden wir uns von der „Strumpfstadt“.

P8
51.0 km
4h 15min

Nach einer Abfahrt erreichen wir die **ehemalige Besteckfabrik Hesse (P 9)** (www.besteckfabrik-fleckenberg.de). Mithilfe der Wasserkraft und von schweren Pressen wurde hier Essbesteck hergestellt. Seit 2000 ist die vollständig eingerichtete Fabrik ein technisches Museum. Vom Blech bis zum fertigen Löffel kann die Herstellung von Kaffeelöffeln begleitet und beobachtet werden. Das Museum ist ganzjährig samstags von 15 bis 17 Uhr geöffnet.

P9
53.4 km
4h 25min

In Fleckenberg wechseln wir die Talseite und passieren am Ortsende den **Knotenpunkt 52**. Nach einem großen Holzwerk führt der Radweg am Waldrand entlang nach Lenne. Danach folgt der **SauerlandRadring** bis zum **Knotenpunkt 39** der B 236. Zurück auf der Südseite der Lenne, begrüßt uns der Luftkurort

Galileopark: Im Land der Pyramiden

Saalhausen (www.saalhausen.de) mit Tourist-Info (P 10) und Naturerlebnisbad. Im Landhotel Voss (www.hotel-voss.de), Im Café Heimes (www.cafe-heimes.de) oder im Café am Kurpark (www.cafe-am-kurpark.net) kann man herrlich die Sonne genießen und entspannen. Alternativ laden im Vital- und Bewegungspark TalVital Hängematten und Aussichtsplattformen zum Chillen ein. Anschließend erfrischt das Kneippbecken müde Radlerfüße.

P10
61.7 km
5h 10min

Der SauerlandRadring verläuft nun entlang der B 236 durch Langenei und Kickenbach zum Knotenpunkt 37 (P 11) am Lenne-Kreisel in Altenhundem. Der größte Ortsteil von Lennestadt verfügt über einen Bahnanschluss. Wem das Radfahren zu viel wird, der kann mit der Bahn nach Finnentrop zurückkehren.

P11
69.8 km
5h 50min

Entlang des Lenneufers führt der Radweg anschließend an einem Wehr mit Fischaufstiegshilfe vorbei nach Meggen. Am Ortsende müssen wir aufpassen, dass wir nach dem Haldengarten den Abzweig zu den Sauerland-Pyramiden (P 12) nicht verpassen. Trotz eines kurzen Gewaltanstiegs sollte man sich den Abstecher nicht entgehen lassen. Was gibt es oben zu

P12
74.2 km
6h 10min

sehen? Einen tollen Panoramablick, sieben Pyramiden, den Galileo-Park und das Bergbaumuseum Siciliaschacht.

Der Galileo-Park (www.galileo-park.de) mit seinen vier Pyramiden wurde 2011 eröffnet. Der Wissens- und Rätselpark bietet interessante und außergewöhnliche Ausstellungen. Die drei übrigen Pyramiden gehören einer Biomedical-Firma. Was für ein Kontrast! Neben den Pyramiden stehen die Schachthalle und das Fördergerüst der Grube Sicilia. Sie erinnern an 140 Jahre Bergbau. Bis 1992 wurde aus der elften Sohle, 567 Meter unter der Erde, Erz gefördert (www.bergbaumuseum-siciliaschacht.de).

Zurück auf dem **SauerlandRadring** folgt ein kurzer Steilanstieg, um eine Villa zu umfahren. Nach einer Waldabfahrt treffen wir am Lenneufer auf ein Skulpturenensemble. Die Kunst macht neugierig. Eine lesende Frau, winkende Joggerinnen, ein nacktes Pärchen im Handstand. Die Holzskulpturen stammen von dem Künstler Roger Löcherbach. Weiter geht es zum **Knotenpunkt 41**, bevor wir über die Lenne nach Grevenbrück abbiegen. Eine Augenweide ist der zum Ess-, Kultur- und MuseumsBahnhof umgestaltete **Bahnhof Grevenbrück (P 13)**.

P13
79.8 km
6h 40min

Mal links, mal rechts der Lenne geht es weiter. Dabei passieren wir die **Knotenpunkte 46** und **47**. Bei der Players Lounge (www.players-lounge-bowling.de) am Ortsrand von Finnentrop biegt der Radweg links ab. Nach dem **Knotenpunkt 48** sind wir zurück am **P&R Finnentrop (P 1)** und können uns am Flussufer oder im Lennepark entspannen.

Skulpturen am Lenneufer

P1/Ziel
86.5 km
7h 15min

Fazit

Der „Klassiker“ für Tourenradler im Herzen des Sauerlandes. Die Strecke bietet Natur-, Kultur- und Genusserlebnisse par excellence. Die längste Tagestour des Buches verlangt jedoch gute Ausdauer und Kondition. E-Biker sind klar im Vorteil, oder man teilt die Tour in 2 Etappen.

TourTipps

- Tourist-Info Lennestadt, Hundemstraße 18, 57368 Lennestadt-Altenhundem, 02723/608800, www.lennestadt-kirchhundem.de
- Tourist-Info Schmallenberg, Poststraße 7, 57392 Schmallenberg, 02972/9740-0, www.schmallenberger-sauerland.de
- Tourist-Info Saalhausen, Fasanenweg 3, 57368 Lennestadt-Saalhausen, 02723/8502, www.saalhausen.de

- Café am Kurpark, Winterberger Straße 20, 57368 Lennestadt-Saalhausen, 02723/719902, www.cafe-am-kurpark.net
- Café Heimes, In den Peilen 2, 57368 Lennestadt-Saalhausen, 02723/8375, www.cafe-heimes.de
- Esloher Brauhaus/Domschänke, St.-Rochus-Weg 1, 59889 Eslohe, 02973/9765-0, www.essel-braeu.de
- Forellenhof Poggel, Homertstraße 21, 59889 Eslohe, 02973/97180, www.forellenhof-poggel.de
- Heinemann's Hofcafé, Im Brauck 4, 57368 Lennestadt-Kickenbach, 02723/8308, www.heinemannshof.de
- Hotel Störmann, Weststraße 58, 57392 Schmallenberg, 02972/9990, www.hotel-stoermann.de
- Hotel Stoffels, Weststraße 29, 57392 Schmallenberg, 02972/5930, www.hotel-stoffels.de
- Landhotel Voss, Winterberger Straße 36, 57368 Lennestadt-Saalhausen, 02723/9152-0, www.hotel-voss.de
- Le Bistro in der Pension Zur Post, Esloher Straße 210, 57413 Finnentrop-Fretter, 02724/243999 oder 880128, www.pension-zur-post.com
- Players Lounge, Werksweg 7, 57413 Finnentrop, 02721/7172300, www.players-lounge-bowling.de

- Bike Shop Clemens, Neukamp 5, 57368 Lennestadt-Borghausen, 02721/609803, www.cbs-bikes.de
- Der Radgeber, In den Peilen 6, 57368 Lennestadt-Saalhausen, 02723/80666, www.der-radgeber.com
- Zweirad Rameil, Rinsenbergstraße 8, 57368 Lennestadt-Saalhausen, 02723/8850, www.zweirad-rameil.de

- Esselbad, Kupferstraße 40, 59889 Eslohe, 02973/6782, www.eslohe.de
- Naturerlebnisbad Saalhausen, Fasanenweg 2, 57368 Lennestadt-Saalhausen, 02723/717334, www.saalhausen.de
- Wellen-Freibad Schmallenberg, Paul-Falke-Platz 13, 57392 Schmallenberg, 02974/96800, www.sauerland-bad.de

Tour Download: **BT41215** (für GPS-Geräte)

Direkt in die App mit scan to go®

13 HenneseeSchleife

Die HenneseeSchleife verbindet das Ruhrtal mit dem „Land der tausend Berge". Von Meschede führt die Tour auf straßenbegleitenden Radwegen, dem Bahntrassenradweg im Wennetal und auf Nebenstraßen zum Hennesee, dem Höhepunkt unserer Tour mit Himmelsleiter und Badebuchten.

Start/Ziel: Knotenpunkt 22 in Meschede, Ecke Le-Puy-Straße/ Ruhrplatz, 59872 Meschede

N 50° 46' 18.6" E 7° 05' 38.5"

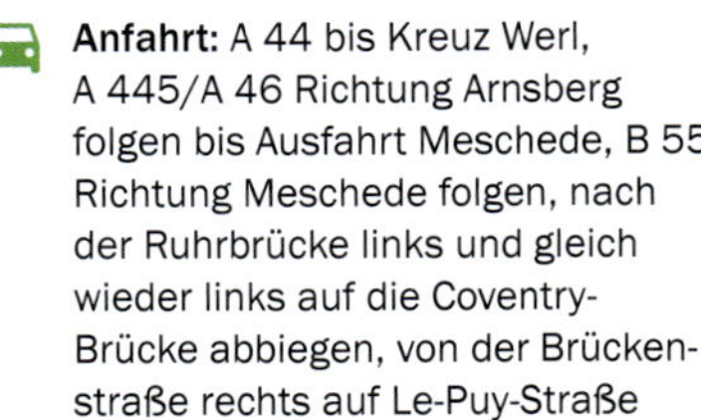

Anfahrt: A 44 bis Kreuz Werl, A 445/A 46 Richtung Arnsberg folgen bis Ausfahrt Meschede, B 55 Richtung Meschede folgen, nach der Ruhrbrücke links und gleich wieder links auf die Coventry-Brücke abbiegen, von der Brückenstraße rechts auf Le-Puy-Straße

Parkplatz: Parkplatz Kolpingstraße, Kolpingstraße 22, 59872 Meschede (300 Meter vom Start entfernt)

Zug: Sauerland-Express RE 17 und Dortmund-Sauerland-Express RE 57 bis Bahnhof Meschede (150 Meter von Start/Ziel entfernt)

Knotenpunkte:
22 - 28 - 29 - 44 - 45 - 26 - 27 - 23

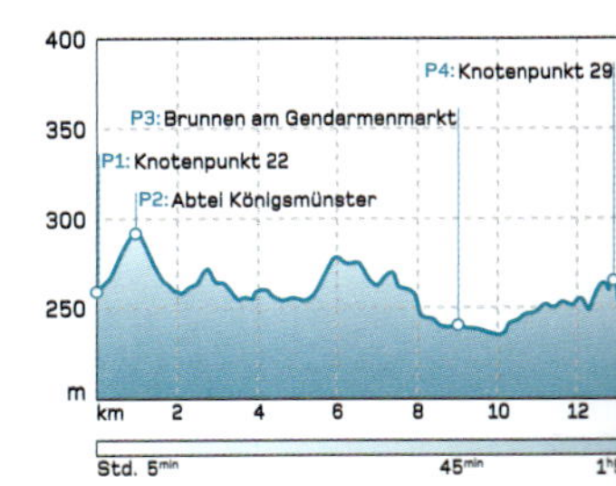

46.5
km
3h 55min
721
721
Anspruch
Meschede
Olpe
Wennemen
A 46
B 55
Brunnen am Gendarmenmarkt P3
P2 Abtei Königsmünster
Bahnhof Meschede
P1
22
28
L 743
Stock-hausen
Schloss Laer
Ruhr
L 914
L 541
Berghausen
Heinrichs-thal
Hennepark
Berge
Calle
L 840
23
29
P4
Berghauser Bucht P10
P9 Himmelsleiter
L 840
Wallen
Mülsborn
Hennetal-sperre
Heggen
L 740
L 541
B 55
Löllinghausen
Enkhausen
Wenne
L 914
L 915
Schüren
P8 Mielinghauser Bucht
27
L 839
Wenholt-hausen
Mieling-hausen
Rembling-hausen
L 740
L 915
Kapelle St. Lucia P7
Büenfeld
Erfling-hausen
Nichting-hausen
26
Herhagen
L 541
Büemke
Mönekind
L 914
P5
44
Reiste
DampfLandLeute Museum Eslohe
Landgasthof Reinert P6
Sögtrop
B 55
Kirchrarbach
45
Eslohe
B 55
Bremke
Beisinghausen
B 511
P5: Knotenpunkt 44
P6: Landgasthof Reinert
P7: Kapelle St. Lucia
P9: Abzweig Himmelsleiter
P1: Knotenpunkt 22
P8: Mielinghauser Bucht
P10: Berghauser Bucht
P9: Abzweig Himmelsleiter
16
18
20
22
24
26
28
30
32
34
36
38
40
42
44
46,5
1h45min
2h15min
2h35min
2h45min
3h20min
3h30min
3h40min
3h55min

Himmlische Er-Fahrungen

Auf der Himmelsleiter

Die **HenneseeSchleife** (www.sauerlandradring.de) beginnt in Meschede am **Knotenpunkt 22 (P 1)**, einen Steinwurf von der Tourist-Info (www.meschede.de) und dem Bahnhof entfernt. Wir fahren die Tour am besten gegen den Uhrzeigersinn, damit der Höhepunkt der Strecke, die Hennetalsperre, im letzten Viertel liegt. Im Sommer sollte man Strandtuch und Badesachen einpacken!

P1
Start

Eine Hauptsehenswürdigkeit von Meschede ist die knapp einen Kilometer entfernte **Abtei Königsmünster (P 2)**, die allerdings nicht direkt am Radweg liegt. Wir fahren durch den Tunnel unter der Bahnlinie hindurch und folgen der Ausschilderung den steilen Klosterberg hinauf zur Benediktinerabtei. Wie eine Trutzburg wirkt das moderne Gotteshaus (www.koenigsmuenster.de). Der mächtige rote Klinkerbau ist eckig und kantig, schlicht und einfach, nur Steine und ein paar Fenster. Der richtige Ort für Ruhe und Besinnung, aber auch um Kraft zu tanken und die Akkus aufzuladen.

P2
0.9 km
5 min

Zurück von der Abtei beginnt die eigentliche Fahrt auf der **HenneseeSchleife**. Der erste Streckenabschnitt im Ruhrtal ist auch Teil des **RuhrtalRadweges** (siehe **Tour 10**). Wir verlassen Meschede mit Blick auf das Hallen- und Freibad und passieren Schloss Laer.

Auf einem abgetrennten Radweg geht es an der L 743 entlang. Die Strecke ist nicht besonders aufregend, dafür ideal zum Einrollen. Beim **Knotenpunkt 28** verlassen wir den **RuhrtalRadweg** und biegen nach Wennemen ab. Im Ort lohnt sich ein Abstecher zum Brunnen am **Gendarmenmarkt (P 3)**.

P3
9.0 km
45 min

Am Ortsende beginnt der Bahntrassenradweg durch das Wennetal. Die ehemalige Bahnstrecke führte von Wennemen nach Wenholthausen, wo sich die Bahnlinie gabelte. Eine Trasse führte nach Finnentrop und die andere nach Bad Fredeburg. Dank der Bahntrasse geht es abseits des Straßenverkehrs und mit moderatem Gefälle durch die Mittelgebirgslandschaft des Hochsauerlandes, dem „Land der tausend Berge“. Im Ort Berge führt der Radweg im Bogen um ein Holzwerk herum zum **Knotenpunkt 29 (P 4)**.

P4
12.8 km
1 h 5 min

In Ober-Berge passieren wir den Jüppkenpark mit einem kleinen Teich, Brunnen, Kneippanlage und Rastplatz. Nach dem Steinbruch bei Bergerhammer folgt ein herrlicher Streckenabschnitt im schmalen bewaldeten Wennetal. Auf Höhe Wenholthausen lohnt sich ein Abstecher in den Ort. Vielleicht knurrt schon der Magen? In jedem Fall haben wir uns ein Päuschen verdient.
In dem über 700 Jahre alten Dorf hat man die Qual der Wahl zwischen dem Landgasthof Seemer (www.seemer.de), dem Haus Hochstein (www.haus-hochstein.de), dem Sauerländer Hof (www.sauerlaender-hof.com) und der Hubertus-Tenne.

P5
21.1 km
1h 45min

Gut gestärkt treffen wir beim **Knotenpunkt 44 (P 5)** auf den **SauerlandRadring**. Ein lohnender Abstecher führt zum 2,3 Km entfernten DampfLandLeute Museum (www.museum-eslohe.de) und nach Eslohe (siehe **Tour 12**). Zurück auf der **Hennesee-Schleife** folgt ein unspektakulärer Streckenabschnitt entlang der B 55. In Bremke passieren wir den **Knotenpunkt 45**, an dem der **SauerlandRadring** nach Schmallenberg abbiegt.

*Die **HenneseeSchleife** und der **SauerlandRadring** (siehe **Tour 12**) lassen sich prima zu einer **2-Tages-Tour** verbinden. Zur Übernachtung bietet sich Saalhausen an. Je nach Budget sind die Pension Möser (www.pension-moeser.com) und das Landhotel Voss (www.hotel-voss.de) gute Adressen.*

P6
26.7 km
2h 15min

Weiter geht es entlang der Bundesstraße durch die offene Feld- und Wiesenlandschaft nach Reiste, wo sich der **Landgasthof Reinert (P 6)** (www.landgasthof-reinert.de) für eine Erholungs-

Abtei Königsmünster

Brunnen am Gendarmenmarkt

pause anbietet. Mit frischen Kräften folgt der hügeligste Abschnitt unserer Tour. Zunächst zieht sich der Radweg neben der B 55 zur Wilhelmshöhe hinauf. In einer kurzen Abfahrt passieren wir den **Knotenpunkt 26** und biegen am Ortsende von Nichtinghausen auf eine Nebenstraße ab. Am Hang des Kohlenberges kommen wir noch einmal gehörig ins Schwitzen. Dafür werden wir mit einem herrlichen Panoramablick auf die Berg- und Hügellandschaft belohnt.

P7
30.6 km
2h35min

Nachdem wir den höchsten Punkt der Strecke passiert haben, geht es in schneller Abfahrt hinunter nach Erflinghausen, wo wir an der urigen **Kapelle St. Lucia (P 7)** vorbeifahren. Bei Mielinghausen erreichen wir die Hennetalsperre und rollen über den Vordamm zum **Knotenpunkt 27**.

P8
32.8 km
2h 45min

Entlang des Ufers der Hennetalsperre folgt mit der **Mielinghauser Bucht (P 8)** eine Badestelle unterhalb einer Ferienhaussiedlung. Der Rad- und Fußgängerweg entlang der Talsperre ist ein echtes Highlight. Wir sind auf der verkehrsfreien Seeseite unterwegs. Der Promenadenweg ist geteert, eben, angenehm breit, mit vielen Bänken am Wegesrand ausgestattet und bietet immer neue Blicke und Perspektiven auf die Hennetalsperre.

Bei der Staumauer gönnen wir uns den nächsten Abstecher. Die Attraktion des Hennedamms ist die **Himmelsleiter (P 9)**. Die 333 Stufen vom Damm hinunter zum Hennepark sind abends beleuchtet. Auf der anderen Dammseite bietet sich die Freiluftkantine Chillin für eine Verschnaufpause an.

Am Hennesee

Abendstimmung am Hennesee

Auf dem Weg zur Berghauser Bucht kommen wir am Welcome Hotel Meschede (www.welcome-hotels.com) und am Anleger des Ausflugsbootes MS Meschede vorbei. Im Sommer können wir auf der Liegewiese der **Berghauser Bucht (P 10)** entspannen und im Stausee baden. Unbedingt an die Badesachen denken!

P10 42.0 km 3h 30min

P9 44.0 km 3h 40min

Nach der Fahrt zurück zur **Himmelsleiter (P 9)** geht es durch den Wald hinunter nach Meschede. Der Radweg führt vom Hennedamm zum **Knotenpunkt 23** beim Jagdgasthof Dickel. Nach dem Hennepark mit Aussichtsplattform und kleinen Stegen führt uns die **HenneseeSchleife** im Zickzack durch die Stadt.

Auf den Bänken der einladend gestalteten Ruhr-Promenade können wir die Tour ruhig ausklingen lassen. Eine Freitreppe führt zum Ufer der renaturierten Ruhr. Zur Einkehr stehen mehrere Gaststätten, Bistros, Cafés und Eisdielen zur Wahl. Nach der Ruhrbrücke schließt sich der Kreis, und wir sind zurück am **Knotenpunkt 22 (P 1)**.

P1/Ziel 46.5 km 3h 55min

Fazit

Eine Tour für Naturliebhaber und heiße Sommertage. Die Strecke bietet herrliche Panoramablicke, eine wunderbare Waldgebirgslandschaft und als Höhepunkt den Hennesee. Im Sommer an die Badesachen denken! Als 2-Tages-Variante mit Tour 12 kombinierbar.

Tour Tipps

- Tourist-Info Meschede, Le-Puy-Straße 6-8, 59872 Meschede, 0291/9022443, www.meschede.de

- Abteigaststätte Königsmünster, Klosterberg 5, 59872 Meschede, 0291/2995-139, www.abteiwaren.de
- Chillin Freiluftkantine, Staudamm Hennesee, 59872 Meschede, 0175/7303073
- Esloher Brauhaus/Domschänke, St.-Rochus-Weg 1, 59889 Eslohe, 02973/9765-0, www.essel-braeu.de
- Forellenhof Poggel, Homertstraße 21, 59889 Eslohe, 02973/97180, www.forellenhof-poggel.de
- Haus Hochstein, Südstraße 6, 59889 Eslohe-Wenholthausen, 02973/9711-0, www.haus-hochstein.de
- Landgasthof Reinert, Mescheder Straße 31, 59889 Eslohe-Reiste, 02973/3201, www.landgasthof-reinert.de (auch E-Bike Verleih)
- Landgasthof Seemer, Südstraße 4, 59889 Eslohe-Wenholthausen, 02973/570, www.seemer.de
- Pizzeria Saracino, Ruhrplatz 1, 59872 Meschede, 0291/6991, www.pizzeria-saracino.de
- Sauerländer Hof mit Beckmanns Restaurant, Südstraße 35, 59889 Eslohe-Wenholthausen, 02973/97960, www.sauerlaender-hof.com
- von Korff's, Le-Puy-Straße 19, 59872 Meschede, 0291/99140, www.hotelvonkorff.de
- Welcome Hotel Meschede/Hennesee, Am Hennesee 4, 59872 Meschede, 0291/2000-0, www.welcome-hotels.com

- Fridolin Zint, Zeughausstraße 4, 59872 Meschede, 0291/2382, www.zint.de

- Badebuchten am Hennesee: Berghauser Bucht und Mielinghauser Bucht, www.hennesee-sauerland.de
- Esselbad, Kupferstraße 40, 59889 Eslohe, 02973/9782 www.eslohe.de
- Hallen- und Freibad Meschede, Le-Puy-Straße 43, 59872 Meschede, 0291/205420, www.meschede.de

Tour Download: **BT41315** (für GPS-Geräte)

Direkt in die App mit scan to go®

Notizen

14 Schlösserroute um den Sorpesee

Die Langstrecke beginnt an der Balver Höhle und folgt der Schlösserroute um das Ostufer des Sorpesees. Der Rückweg führt uns zu den Schlössern Melschede und Wocklum sowie nach Balve. Auf der Kinder- bzw. Familienstrecke umrunden wir den Sorpesee.

 **Start/Ziel:** Balver Höhle, Helle 2, 58802 Balve

N 51° 20‘ 22.3“ E 7° 52‘ 17.7“

 **Anfahrt:** A 44 bis Kreuz Werl, A 445/A 46 Richtung Arnsberg bis Hüsten, dann B 229 Richtung Balve, 2 km nach Abzweig B 515 links von der B 229 zur Balver Höhle abbiegen – oder – A 46 Richtung Iserlohn bis Hemer, links abbiegen und B 7 bis Menden folgen, rechts auf B 515 Richtung Balve abbiegen, nach Einmündung der B 229 links zur Balver Höhle abbiegen

Parkplatz: Siehe Start/Ziel

Zug: Hönnetal-Bahn RB 54 bis Bahnhof Balve

Knotenpunkte: 68 - 37 - 40 - 35 - 68

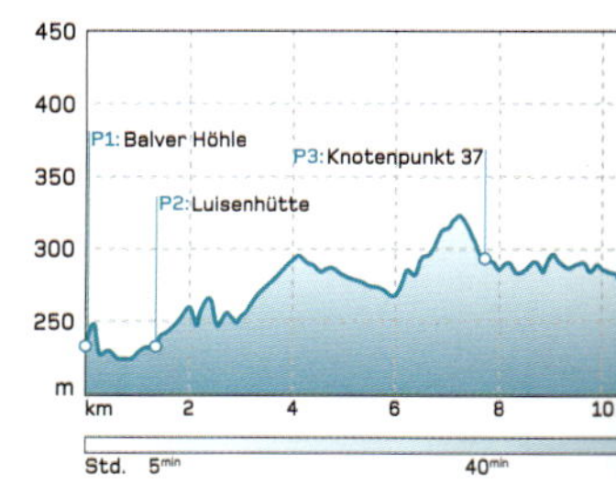

Variante Kinder: 

16.2 km  1h20min 367  367

36.5 km | 3h 5min | 779 ↑ | 779 ↓ | Anspruch

See-Träume

Blick vom Aussichtsturm Langscheid auf den Sorpesee

In der Freizeitregion Sundern-Sorpesee (www.sundern-sorpesee.de) sind mehrere Tourenradwege ausgeschildert. Während die **Langstrecke** der **Radrundtour SR2**, der „Schlösserroute“, folgt und in Balve startet, nutzt die **Kinder-/Familienstrecke** die **Radrundtour SR1** „Rund um den Sorpesee“.

Luisenhütte Wocklum

P1
Start

Die Langstrecke beginnt an der **Balver Höhle (P 1)** (www.balver-hoehle.de), der größten Kulturhöhle Europas. In der riesigen Naturhalle, die sich nach gut 50 Metern in zwei Arme teilt, können rund 2.000 Menschen feiern und Konzerte erleben. Doch auch das Balver Schützenfest, die Balver Festspiele, Abibälle, der HöhlenCyclingMarathon, Fotoshows und ein Höhlenmarkt finden hier statt.

Zudem ist die Balver Höhle Fundstätte eiszeitlicher Tierfossilien. Die Funde reichen vom Höhlenbär, Wollnashorn bis zu einem Mammut-Stoßzahn. Aus diesem Grund wurde das Mammut zum Wahrzeichen von Balve, und zahlreiche künstlerisch gestaltete Mammutplastiken zieren das Stadtbild.

Von der Balver Höhle führt uns ein Radweg im Hönnetal zum Knotenpunkt 68 bei der Wocklumer Mühle, wo wir in die **Radrundtour SR2** einsteigen. Wir fahren die Runde gegen den Uhrzeigersinn. Nach dem ehemaligen Stauteich der Mühle erreichen wir die **Luisenhütte Wocklum (P 2)**.

P2
1.4 km
5 min

In dem heutigen Industriedenkmal wurde bereits 1865 der Betrieb eingestellt. Die Hütte wurde im ursprünglichen Zustand belassen und ist die älteste mit vollständiger Einrichtung erhaltene Hochofenanlage Deutschlands. Das Erlebnismuseum Luisenhütte (www.hoennetal.de) ist von Mai bis Ende Oktober außer am Montag geöffnet und zeigt, wie Eisen hergestellt und zu Gussprodukten weiterverarbeitet wurde. Neben der Luisenhütte lädt das Museum für Vor- und Frühgeschichte zu einer Zeitreise durch 400 Millionen Jahre Balver Geschichte ein.

Anschließend radeln wir auf einem Forstweg durch ein Waldgebiet. Vorsicht: Bei Nässe kann es matschig sein! In Mellen bietet der Mellener Landmarkt (www.mellener-landmarkt.de) am Wochenende Gelegenheit zur Einkehr und Versorgung. Nun geht es entlang des Orlebachs durch Felder und Wiesen zur Sorpestraße.

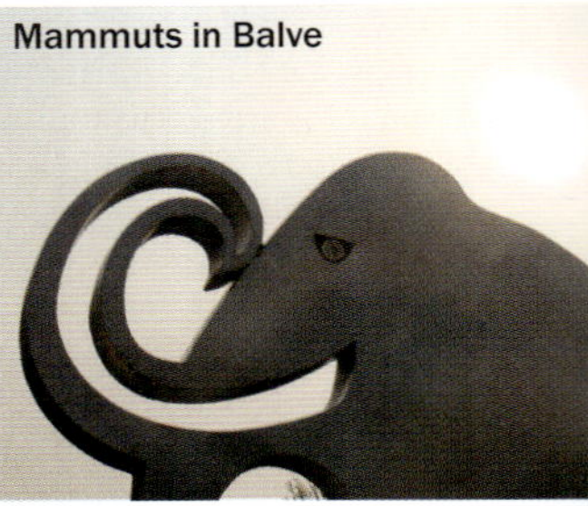
Mammuts in Balve

P3
7.7 km
40min

Durch ein Waldgebiet strampeln wir auf der Landstraße über eine Hügelkuppe hinweg und erreichen beim **Knotenpunkt 37 (P 3)** den Sorpesee und das Restaurant Meilenwelt (www.meilenweit-sorpesee.de). Auf der Terrasse können wir bei einem Café den wunderbaren Seeblick genießen. Nebenan befindet sich eine skandinavische Ferienwelt, in der man sogar in Baumhäusern übernachten kann.

Variante Kinder

Die Kinder- bzw. Familienstrecke (Variante Kinder) beginnt erst beim Knotenpunkt 37. Wir folgen der Ausschilderung der Rundstrecke SR1 „Rund um den Sorpesee".

Der Sorpesee ist der tiefste Stausee im Sauerland. Er wurde 1935 fertig gestellt und zählt zu den acht Talsperren des Ruhrverbands. Mit dem Fahrrad lässt sich der Sorpesee auf separaten Radwegen komplett umrunden.

Entspannen am Sorpesee

Auf der Westseite verläuft der Fußgänger- und Radweg neben der Uferstraße L 678, das Ostufer ist frei von Autoverkehr. Entlang des Sees folgt das Knusperhäuschen, bevor wir beim Strandcafé den Amecker Damm überqueren, der das Vorbecken vom Sorpesee trennt.

Nach dem Damm treffen wir auf den **Knotenpunkt 40**, an dem die **Radrundtouren SR1** und **SR 2** entlang des Ostufers weiterführen. Zuvor bietet sich ein Abstecher entlang der **Vorsperre zum Heimathafen Grote (P 4)** an. Der Uferbereich ist mit Liegewiese, Kinderspielplatz, Wasserspiel und Teich nett angelegt und lädt zum Entspannen ein. Um das Vorbecken führt der 3,4 Km lange AiRlebnisweg mit verschiedenen Erlebnisstationen. Das Baden im Sorpesee ist nur beim Strandbad Langscheid erlaubt.

P4
11.9 km
1h

Zurück am **Knotenpunkt 40** geht es entlang des Ostufers weiter. Der Radweg verläuft nicht direkt am Ufer, sondern schlängelt sich am Hang entlang. Liegewiesen am See suchen wir vergebens, dafür findet man zahlreiche Aussichtsbänke mit Seeblick. Nach der kurvenreichen Strecke überqueren wir die **mächtige Staumauer (P 5)** der Talsperre.

P5
20.0 km
1h 40min

Beim **Knotenpunkt 35** an der Schirmbar Sorpesee (www.schirmbar-sorpesee.de) und auf der Promenade herrscht zumindest bei Sonnenschein reger Betrieb. Wir folgen der Uferpromenade vorbei am Hotel Seegarten mit dem auffälligen gläsernen Pool auf einem Teil des Dachgeschosses zum **Strandbad Langscheid (P 6)** (www.sorpesee.de). Wer Strandtuch und

Blick von der Staumauer

Uferpromenade Langscheid

Badesachen mithat, kann die Fahrradtour wunderbar mit einem Badetag am See verbinden. Beim Strandbad trennen sich die **Kurz-** und **Langstrecke**.

Variante Kinder

Die Kinder- bzw. Familienstrecke folgt der Radrundtour SR1 entlang des Westufers zurück zum Knotenpunkt 37 (P 3) bei dem Restaurant Meilenweit.

Wasserschloss Wocklum

Auf der **Langstrecke** fahren wir am Seeufer zurück in Richtung Staumauer. Bevor wir den Steilanstieg in Langscheid in Angriff nehmen, haben wir uns eine Stärkung verdient. Das Treibgut (www.treibgut-sorpesee.de) liegt direkt am Weg und bietet von der Aussichtsterrasse einen prima Seeblick.

Melscheder Mühlenbachtal

P7 24.3 km 2h

Mit frischen Kräften kämpfen wir uns anschließend die Langscheider Straße hinauf. Ohne E-Bike ist der Anstieg eine ziemliche Plackerei. Ein Abzweig auf der Straße „Am Ehrenmal“ führt zum **Aussichtsturm Langscheid (P 7)**. Der Blick von oben auf Langscheid und den Sorpesee ist fantastisch.

Zurück auf der Langscheider Straße setzt sich der Anstieg fort. Wir verlassen Langscheid und erreichen auf der L 544

Urlaubsstimmung am Sorpesee

in einer weiten Kehre den höchsten Punkt der Strecke. Anschließend biegen wir links auf einen Schotterweg zum Schloss Melschede ab.

Achtung: Die Radwegmarkierung von der Staumauer bis zur Abzweigung von der L 544 fällt spärlich aus! Nach dem Abzweig folgt eine Rüttelpiste zum **Barockschloss Melschede (P 8)**. Die Passage ist nichts für schmale Rennradreifen! Bei Nässe muss man besonders vorsichtig fahren.

P8
27.3 km
2h15min

Auf wassergebundener Decke geht es weiter im idyllischen Melscheder Mühlenbachtal. Wir passieren die Melscheder Mühle und haben ein paar Meter Asphalt unter den Reifen, bevor wir ins fast unberührte Orlebachtal abbiegen. Wir rollen am Waldrand entlang zum **Wasserschloss Wocklum (P 9)** (www.schloss-wocklum.de) mit seiner großen Reitanlage.

Sportlicher Höhepunkt des Jahres ist das internationale Reitturnier Balve Optimum (www.balve-optimum.de), bis 2020 sogar fester Austragungsort der deutschen Meisterschaften im Dressur- und Springreiten. Das Gelände des Wasserschlosses bietet den Rahmen für die Landpartie Schloss Wocklum, eine Verkaufs- und Erlebnis-

Barockschloss Melschede

Kirche St. Blasius

Fresken in St. Blasius

ausstellung für Haus, Garten, Kunst, Kultur & Ambiente (www.landpartie-schloss-wocklum.de). Beim **Knotenpunkt 68** schließt sich der Kreis der **Radrundtour SR2** und wir biegen in Richtung **Balver Höhle (P 1)** ab.

P1
33.3 km
2h 45min

Zum Abschluss der Tour unternehmen wir einen Abstecher nach Balve (www.balve.de) und besuchen die **Kirche St. Blasius (P 10)**. Der mächtige, achteckige Kuppelbau beeindruckt ebenso wie die gut erhaltenen Fresken im Inneren der Kirche.

P10
34.9 km
2h 55min

Anschließend können wir die Tour im Café Kaiserliches Postamt ausklingen lassen, sagen den in Balve allgegenwärtigen Mammuts Lebewohl und fahren zurück zur **Balver Höhle (P 1)**.

P1/Ziel
36.5 km
3h 05min

Abschied von den Mammuts

Fazit

Eine Tour für heiße Sommertage. Im Mittelpunkt der beiden Rundstrecken steht der Sorpesee. Urlaubsfeeling inbegriffen. Im Sommer das Strandtuch und die Badesachen nicht vergessen. Die Langstrecke führt zum Teil über Forstwege.

TourTipps

- Tourist-Info Balve und Hönnetal, Widukindplatz 1, 58802 Balve, 02375/926-0, www.balve.de
- Tourist-Info Sorpesee im Haus des Gastes, Hakenbrinkweg 19, 59846 Sundern-Langscheid, 02935/9699015

- AiRNah, Ammecker Damm 2, 59846 Sundern-Amecke, 0176/46658932, www.airnah-sorpesee.de
- Café Kaiserliches Postamt der Genuss-Bäckerei Tillmann, Hauptstraße 23, 58802 Balve, 02375/9159-0, www.tillmann-balve.de
- Haus Drei Könige mit Kasbar, Hauptstraße 6, 58802 Balve, 02375/205960, www.haus3koenige.de
- Heimathafen Grote, Seestraße 5, 59846 Sundern-Amecke, 02393/2407276, www.heimathafen-grote.de
- Knusperhäuschen - Imbiss am Sorpesee - Zeltplatz 4, Am Sorpesee 199, 59846 Sundern, 0175/6445964
- Meilenweit, Am Sorpesee 195, 59846 Sundern-Langscheid, 02935/9661985, www.meilenweit-sorpesee.de
- Mellener Landmarkt und Café, Balver Straße 18, 58802 Balve-Mellen, 02375/9395366, www.mellener-landmarkt.de
- Restaurant zur Höhle, Helle 2, 58802 Balve, 02375/9370707, www.zurhoehle.de
- Schirmbar-Sorpesee, Zum Sorpedamm, 59846 Sundern-Langscheid, 02935/372713, www.schirmbar-sorpesee.de
- Strandcafé am Sorpesee, Amecker Damm 1, 59846 Sundern-Amecke, 02393/1423
- Treibgut Sorpesee, Zum Sorpedamm 9, 59846 Sundern-Langscheid, 02935/9686288, www.treibgut-sorpesee.de

- Bikeshop-Sundern, Hauptstraße 47, 59846 Sundern, 02933/7889900, www.bikeshop-sundern.de
- Radsport Danne, Hachener Straße 139, 59846 Sundern-Hachen, 02935/1038, www.radsportdanne.de

- Strandbad Langscheid, Am Sorpesee 47, 59846 Sundern-Langscheid, 02935/583, www.sorpesee.de

Tour Download: **BT41415** (für GPS-Geräte)

Direkt in die App mit scan to go®

15 Agger-Bigge-Runde

Die Agger-Bigge-Runde verbindet Bergisches Land und Sauerland. Die Mittelstrecke umrundet die Biggetalsperre, und die Kurzstrecke führt von Olpe nach Attendorn und nutzt den Biggessee-Express für die Rückfahrt.

 **Start/Ziel:** Knotenpunkt 14 beim Freizeitbad Olpe

N 51° 01‘ 55.8“ E 7° 50‘ 25.1“

 **Anfahrt:** A 45 bis Ausfahrt Olpe, links auf B 54 Richtung Olpe, nach der Biggeseebrücke rechts auf L 512 Richtung Olpe, beim Kreisverkehr zum Freizeitbad Olpe ausfahren

 **Parkplatz:** Ortsauswärts an der L 512 auf Höhe Bootshaus Biggesee

 **Zug:** RB 92 bis Bahnhof Olpe

Knotenpunkte:
14 - 15 - 27 - 19 - 44 - 21 - 20 - 18 - 1 - 56 - 38 - 28 - 34 - 36 - 2 - 3 - 13 - 12

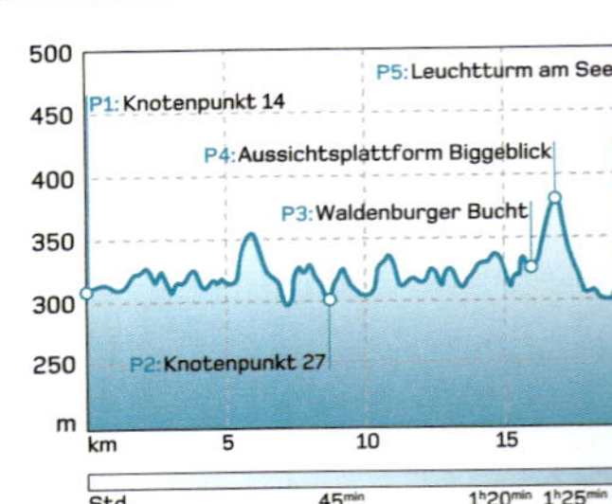

Variante mittel:

36.9 km 3h 5min 917 ↑ ↓ 917

Variante kurz:

24.7 km 2h 5min 598 ↑ ↓ 655

70.5
km
5h 50min
1616
1616
Anspruch
Attendorn
Bigge
Atta-Höhle
Valbert
Neu-Listernohl
Leuchtturm am See P5
P4 Aussichtsplatt-form Biggeblick
P3
Waldenburger Buch
Lister
L 512
Burgruine Waldenburg
Doppelstockbrücke
Abzweig Listertalsperre P6
Biggetalsperre
Listertalsperre
Sondern
P2
L 708
Herpel
üdespert
Brink
P7
Gut Kalberschnacke
Scheda
L 129
P8
Scheda
Schreibershof
L 563
Stade
Bleche
Eichhagen
B 55
Wegeringhausen
Rhode
P11 Ausfahrt Tunnel Wegeringhausen
A 45
B 54
Hützemert
Wenk-hausen
P13
P1
Marktplatz Drolshagen P12
Bahnhof/ZOB Olpe
Olpe
Drolshagen
Brachtpe
Bigge
2 km
AGGER-BIGGE RUNDE
A 4
P6: Abzweig Listertalsperre
P8: Scheda
P10: Staumauer Aggertalsperre
P1: Knotenpunkt 14
P12: Marktplatz Drolshagen
P7: Gut Kalberschnacke
P13: Knotenpunkt 12
P9: Bonte Kerke Lieberhausen
P11: Ausfahrt Tunnel Wegeringhausen
25 30 35 40 45 50 55 60 65 70,5
2h 2h30min 3h 3h30min 4h 4h55min 5h10min 5h45min 5h50min

Wasser-Wege

Die spektakuläre Aussichtsplattform „Biggeblick“

Los geht es am **Knotenpunkt 14 (P 1)** beim Freizeitbad Olpe (www.freizeitbad-olpe.de). Die **Agger-Bigge-Runde** (www.biggesee-listersee.com) führt am Ostufer des Biggesees entlang. Wir passieren das herrlich gelegene Bootshaus am Biggesee (www.bootshaus-biggesee.de) und den **Knotenpunkt 15**. Der Radweg verläuft teils direkt am See, teils am Hang entlang. Bänke und „Biggebalkone" laden zu Verschnaufpausen ein.

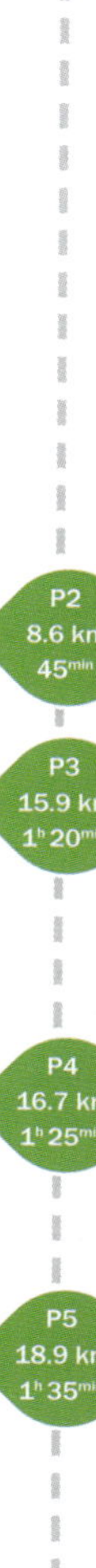

Der 1965 fertiggestellte Biggesee zählt mit 17 Kilometer Länge und 2 Kilometer Breite zu den größten Stauseen Deutschlands. Er dient der Wasserversorgung des Ruhrgebiets, dem Hochwasserschutz und der Stromerzeugung. 2.500 Bürger mussten im Zuge des Baus umgesiedelt werden. Schautafeln am Wegesrand erinnern an die Umsiedlung ganzer Dörfer.

Der Biggesee gehört zu den Top-Ausflugszielen in Nordrhein-Westfalen und ist ein Paradies für Wassersportler und Naturliebhaber. Bei der Talbrücke Sondern passieren wir den **Knotenpunkt 27 (P 2)** und rollen beim **Knotenpunkt 19** auf einem Damm über einen Seitenarm der Talsperre.

Mit Blick auf die Gilberginsel, einem wertvollen Rückzugsgebiet für Wasservögel, geht es weiter zur **Waldenburger Bucht (P 3)**. Beim Bigge Beach (www.biggesee.com) unterhalb des Campingplatzes locken ein Sandstrand und das erfrischende Bad im See. Beim Packen das Strandtuch und die Badesachen nicht vergessen!

Wem ein Steilanstieg nichts ausmacht, der sollte unbedingt einen Abstecher zur **Aussichtsplattform Biggeblick (P 4)** unternehmen. Die Fahrräder können wir beim Abzweig in den Wald zurücklassen. Oben angekommen, bietet der Skywalk einen unvergleichlichen Ausblick über den Biggesee.

Zurück am Ufer geht es weiter zum mächtigen Staudamm mit dem **Ausflugslokal Leuchtturm am See (P 5)**. Mit Blick auf die Wasserfläche, die Burgruine Waldenburg und die Aussichtsplattform Biggeblick haben wir uns eine Pause verdient. Auf dem Biggedamm trennen sich **Kurz-**, **Mittel-** und **Langstrecke**.

Variante kurz

Die Kurzstrecke führt den Damm hinunter zu den Knotenpunkten 38 und 25, wo wir über die Biggebrücke in die Innenstadt von Attendorn (www.attendorn.de) abbiegen. Neben dem Südsauerland-Museum (www.suedsauerlandmuseum.de) und dem Sauerländer Dom lockt das gastronomische Angebot. Die Stadt war einst Mitglied der Hanse und kam durch Leinen- und Tuchweberei zu Reichtum. Auf dem Weg zum Bahnhof bietet sich ein Abstecher zur Atta-Höhle an. Vom Bahnhof Attendorn kehren wir mit der RB 92, dem Biggesee-Express, nach Olpe zurück.

Die Atta-Höhle (www.atta-hoehle.de) ist die größte Tropfsteinhöhle Deutschlands. Bei konstant 9 Grad Celsius ist speziell im Sommer warme Kleidung wichtig. Die Höhle wurde 1907 zufällig bei einer Sprengung entdeckt. Die Führung dauert rund 40 Minuten. Der 1,8 Kilometer lange Rundweg führt den Besucher durch die Welt kunstvoll gewachsener Stalagmiten und Stalaktiten. In Millionen von Jahren haben kalkhaltige Tropfen die Steingebilde geformt. Eine weitere Besonderheit ist der Atta-Käse, der sein besonderes Aroma einem 3-monatigen Höhlenaufenthalt verdankt.

Auf der **Mittel-** und **Langstrecke** folgen wir der **Agger-Bigge-Runde** zum **Knotenpunkt 44** am Ende des Staudamms. Entlang des Sees und längs der L 512 erreichen wir beim **Knotenpunkt 21** die Doppelstockbrücke über das Listertal. Auf den übereinander angeordneten Etagen rollen oben Autos und unten die Eisenbahn. Am Brückenende treffen wir auf den Abzweig zur **Listertalsperre (P 6)**. Hier können wir zwischen **Mittel-** und **Langstrecke** wählen.

Radelparadies Biggesee

Rast am „Leuchtturm am See“

Die Mittelstrecke führt geradeaus weiter und folgt der „Seen-Runde“ um den Biggesee. In der Abfahrt zur Tal-brücke Sondern kommen wir vor dem Knotenpunkt 27 am Café Ommi Kese (www.ommikese.de) vorbei. Wir umfahren die Halbinsel Sonderner Kopf mit Campingplatz, Tauchschule und dem Strandbad Biggesee. Sondern ist Stützpunkt der Weißen Flotte mit den Fahrgastschiffen „MS Westfalen“ und „MS Bigge“. Nach Sondern geht es noch einmal bergauf, bergab. Wir passieren die Knotenpunkte 17 und 16 und sind beim Knotenpunkt 12 (P 13) am Südzipfel des Biggesees zurück auf der Langstrecke.

Variante mittel

Die Langstrecke folgt der Agger-Bigge-Runde zur Staumauer der Listertalsperre beim Knotenpunkt 20. Die Talsperre wurde von 1909 bis 1912 errichtet. Was wie ein Ausläufer des Biggesees aussieht, ist ein weiterer Stausee. Der Radweg entlang des Südufers des Listersees zum Gut Kalberschnacke (P 7) (www.restaurant-gut-kalberschnacke.de) ist traumhaft schön und bietet reichlich Gelegenheit für Verschnaufpausen am Ufer.

P7 29.9 km 2h30min

In Herpel verlassen wir den Listersee, und es geht beim Knotenpunkt 18 „in die Berge“. Zwischen Bruch und Schreibershof ist zunächst eine kurze Querfeldeinpassage zu bewältigen. Nach dem regen Treiben an den Seen begegnet uns in den Ausläufern des Naturparks Ebbegebirge kaum ein Radfahrer.

Im idyllischen Herpeltal arbeiten wir uns zum Knotenpunkt 1 und weiter den Hang hinauf nach Scheda (P 8). Mit 450 Metern haben wir den höchsten Punkt der Strecke erreicht. Bergauf,

P8 35.6 km 3h

An der Doppelstockbrücke

Über die Staumauer

Staumauer Listertalsperre

bergab fahren wir unter der B 54 und der A 54 hindurch über Lüdespert und Wörde nach Lieberhausen.

P9 42.0 km 3h 30min

Wir sind inzwischen im Bergischen Land angekommen. In Lieberhausen (www.lieberhausen.de) sollten wir uns unbedingt die **Bonte Kerke Lieberhausen (P 9)** ansehen. Die mittelalterlichen Deckenmalereien (siehe auch **Tour 2**, Bonte Kerke Marienberghausen) sind ein Highlight. Gegenüber der Kirche befindet sich das Landgasthaus Reinhold (www.hotelreinhold.de). Die Spezialität des Hauses ist ein Eierkuchen in Sahnetortenhöhe.

P10 48.1 km 4h

Auf einer Nebenstraße rollen wir anschließend zum Naturfreibad Bruch (www.gumbala.de) den Hang hinab. An der Aggertalsperre angekommen, radeln wir über Bruch und Bredenbruch zum **Knotenpunkt 56**. Weiter geht es zur Staumauer der **Aggertalsperre (P 10)**. Der spektakuläre Blick auf den Stausee ist aus der Krombacher Werbung bekannt. Am Südende der Staumauer biegen wir beim **Knotenpunkt 38** links ab und fahren am Hang der Talsperre durch die herrliche Landschaft.

Die weitere Strecke bis Olpe ist auch Teil des **Bergischen Panorama-Radweges**. Nach einem Schlenker um ein Vorbecken lassen wir die Talsperre hinter uns und strampeln im sanft an-

Die Weiße Flotte ist einsatzbereit

Am Listersee

Gut Kalberschnacke

steigenden Rengsetal zum **Knotenpunkt 28**. Ein paar Meter vom Radweg entfernt liegt die Rengser Mühle (www.rengser-muehle.de), wo wir frische Kraft tanken können. Nach einem kurzen Anstieg rollen wir auf der L 173 hinunter nach Pernze. Beim **Knotenpunkt 34** überqueren wir die B 55 und werden in einer Schleife zum **Knotenpunkt 36** geführt, wo wir auf den Bahntrassenradweg Bergneustadt-Olpe treffen.

Wo früher Dampfloks schnauften, geht es im Dörspetal in moderater Steigung zum Tunnel Wegeringhausen. Von November ist Anfang April ist der Tunnel wegen überwinternder Fledermäuse gesperrt. Dann muss man über Wegeringhausen ausweichen. Der 724 Meter lange Tunnel unterquert die Wasserscheide von Agger und Bigge. Von der Ausfahrt des **Tunnels Wegeringhausen (P 11)** rollen wir zur Jausenstation Alter Bahnhof Hützemert (www.treffpunkt-alter-bahnhof.chayns.net). Die 1914 gebaute Lokomotive „Emma“ und eine Güterwagen-Terrasse sind die Hingucker des Lokals.

P11
59.2 km
4h 55min

Anschließend überquert der Radweg die B 54, und wir erreichen den **Knotenpunkt 2** am Ortseingang von Drolshagen (www.drolshagen.de). Wir kommen am **historischen Marktplatz (P 12)** vorbei und können dem Wahrzeichen der Stadt, der St.-Clemens-

P12
62.3 km
5h 10min

An der Aggertalsperre

Alter Bahnhof Hützemert

„Finale“ im Bootshaus am Biggesee

Basilika einen Besuch abstatten. Der wuchtige Kirchturm wurde einst als Wach- und Wehrturm errichtet. Nach dem **Knotenpunkt 3** und der Tourist-Info verabschieden wir uns am Kreisverkehr von der beschaulichen Stadt.

P13
68.7 km
5h 45min

Es folgt der nächste Bahntrassenabschnitt. Bei der sehenswerten Eichener Mühle führt der Radweg über eine Brücke und wir erreichen den **Knotenpunkt 13**. Sodann fahren wir im Brachtpetal unter der Talbrücke der A 45 hindurch und sind beim Gasthof Rosenthal zurück am Biggesee. Nachdem die **Mittelstrecke** beim **Knotenpunkt 12 (P 13)** zu uns gestoßen ist, überqueren wir auf einer Brücke die Bahnlinie und können nach der Kapelle St. Valentin gemütlich am Obersee ausrollen.

P1/Ziel
70.4 km
5h 50min

Entlang der BiggeSeeFront (www.biggeseefront.com) mit Hotel, Indoor-Spielwelt, Trampolin-Park und dem Café Extrablatt geht es zurück zum **Knotenpunkt 14 (P 1)**, wo sich der Kreis schließt. Gleich ums Eck liegt das Bootshaus (www.bootshaus-biggesee.de) am Biggesee mit einer schönen Aussichtsterrasse. Alternativ können wir einen Abstecher nach Olpe (www.olpe-erleben.de) unternehmen und die Tour im Klumpen am Markt ausklingen lassen.

Fazit

Eine Traumtour für Natur- und Wasserliebhaber, egal ob als Kurz-, Mittel- oder Langstrecke. Im Sommer die Badesachen einpacken! Die Langstrecke ist etwas für sportliche Radfahrer mit guter Kondition oder eine prima E-Bike-Strecke (auf die Akku-Reserve achten).

TourTipps

- Tourist-Info Attendorn, am Rathaus, Kölner Straße 9, 57439 Attendorn, 02722/6574146, www.attendorn.de
- Tourist-Info Drolshagen, im Bürgerbüro, Am Mühlenteich 1, 57489 Drolshagen, 02761/970-0, www.drolshagen.de
- Tourist-Info Olpe, Westfälische Straße 11, 57462 Olpe, 02761/832900, www.olpe-erleben.de

- Alter Bahnhof Hützemert, Vorm Bahnhof 1, 57489 Drolshagen, 02763/91530, www.treffpunkt-alter-bahnhof.chayns.net
- Bootshaus am Biggesee, Seeweg 7, 57462 Olpe, 02761/9779156, www.bootshaus-biggesee.de
- Café Extrablatt, Am Obersee 10, 57462 Olpe, 02761/9436060, www.cafe-extrablatt.de
- Gut Kalberschnacke, Kalberschnacke 4, 57489 Drolshagen-Kalberschnacke, 02763/2126803, www.restaurant-gut-kalberschnacke.de
- Harnischmachers Milchbar, Alter Merkt 2, 57439 Attendorn, 02722/51450, www.milchbar-attendorn.de
- Klumpen am Markt, Am Markt 2, 57462 Olpe, 02761/9437455,
- Landgasthof Reinhold, Kirchplatz 2, 51647 Lieberhausen, 02354/5273, www.hotelreinhold.de
- Leuchtturm am See, Am Biggedamm 9, 57439 Attendorn, 02722/8089020, www.leuchtturm-am-biggesee.de
- Ommi Kese Sondern 7, 57462 Olpe-Sondern, 02761/65288, www.ommikese.de
- Rengser Mühle, Niederrengse 4, 51072 Bergneustadt, 02763/91450, www.rengser-muehle.de
- Zur Bauernschänke, Am Kleefeld 1, 57489 Drolshagen-Lüdespert, 02763/351, www.zurbauernschaenke.de
- Zur Brücke, Hagener Straße 12, 57489 Drolshagen, 02761/7548, www.hotelzurbruecke.de

- Mubea E-Mobility Center, Kölner Straße 100, 57439 Attendorn, 02722/8089999, www.mubea-emobility-store.com

- Badestelle Waldenburger Bucht, Bigge-Beach, Waldenburger Bucht 11, 57439 Attendorn, 02722/9550-0, www.biggesee.com
- Freizeitbad Olpe, Seeweg 5, 57462 Olpe, 02761/93850, www.freizeitbad-olpe.de
- Naturfreibad Bruch, Am Vorbecken, 51647 Gummersbach-Bruch, 02261/28211, www.gumbala.de
- Strandbad am Sonderner Kopf, Am Sonderner Kopf 3, 57462 Olpe-Sondern, 02761/944111, www.biggesee.freizeit-oasen.de

Tour Download: **BT41515** (für GPS-Geräte)

Direkt in die App mit scan to go®

Auf einen Blick

	Touren und Varianten		Region
1.	**Auf Müllers Spuren**	Mühlen, Bäche, Höfe	Bergisches Land
	Variante kurz		Bergisches Land
2.	**Fachwerkroute**	Im Homburger Ländchen	Bergisches Land
3.	**Dhünn-Runde**	Himmlisch bergisch	Bergisches Land
	Variante kurz		Bergisches Land
4.	**Wupper-Runde**	Burg und Tal	Bergisches Land
5.	**Wasserquintett**	Seen sehen	Bergisches Land
	Variante kurz		Bergisches Land
6.	**Panorama-Radwege**	Bahn frei	Bergisches Land
	Variante kurz		Bergisches Land
	Variante Kinder		Bergisches Land
7.	**PanoramaRadweg Niederbergbahn**	Urbane Idyllen	Bergisches Land/Ruhr
	Zwei-Tages-Tour		Bergisches Land/Ruhr
8.	**Radweg von Ruhr zur Ruhr**	KulTour de Ruhr	Ruhr
9.	**Ruhr-Lenne-Achter**	Von Fluss zu Fluss	Ruhr/Sauerland
	Variante kurz		Ruhr/Sauerland
10.	**Möhnetal-RuhrtalRadweg**	Am Westfälischen Meer	Ruhr/Sauerland
	Variante kurz		Ruhr/Sauerland
	2-Tages-Tour		Ruhr/Sauerland
11.	**RuhrtalRadweg – Auftakt**	Wo alles beginnt	Ruhr/Sauerland
	Variante kurz		Ruhr/Sauerland
12.	**SauerlandRadring**	Im Zeichen der Fledermaus	Sauerland
13.	**HenneseeSchleife**	Himmlische Er-Fahrungen	Ruhr/Sauerland
14.	**Schlösserroute um den Sorpesee**	See-Träume	Sauerland
	Variante Kinder		Sauerland
15.	**Agger-Bigge-Runde**	Wasser-Wege	Sauerland/Bergisches
	Variante mittel		Sauerland
	Variante kurz		Sauerland

* inkl. Abzug 90 Hm Seilbahn Burg, 190 Hm Nordbahntrasse Tunnel/Brücken, 30 Hm Rinderbach-Viadukt, 20 Hm Bahnviadukt Elbschetal

Art	km	ø12km/h	Hm ↑	Hm ↓	Anspruch
Rundtour	39,4	3h 15min	752	752	4
Rundtour	25,2	2h 05min	483	483	3
Rundtour	42,6	3h 35min	965	965	4
Rundtour	69,3	5h 45min	869	869	4
Rundtour	41,7	3h 30min	411	411	3
Rundtour	38,7	3h 15min	613 *	703	3
Rundtour	69,9	5h 50min	1194	1194	5
Rundtour	56,1	4h 40min	890	890	4
Rundtour	71,5	6h	1027 *	1117 *	5
Streckentour	55,1	4h 35min	850 *	768 *	4
Streckentour	13,9	1h 10min	45 *	33 *	1
Streckentour	62,5	5h 15min	701 *	801 *	3
Rundtour	108,3	9h	1226 *	1226 *	3
Rundtour	63,4	5h 15min	813 *	813 *	3
Rundtour	79,8	6h 40min	701	701	4
Rundtour	59,8	5h	550	550	3
Streckentour	77,2	6h 25min	842	1077	4
Streckentour	69,3	5h 45min	642	878	3
Rundtour	128,2	10h 40min	1551	1551	4
Streckentour	38,6	3h 15min	557	781	3
Streckentour	25,3	2h 05min	262	589	2
Rundtour	86,5	7h 15min	1229	1229	5
Rundtour	46,5	3h 55min	721	721	3
Rundtour	36,5	3h 05min	779	779	3
Rundtour	16,2	1h 20min	367	367	1
Rundtour	70,5	5h 50min	1616	1616	5
Rundtour	36,9	3h 05min	917	917	4
Streckentour	24,7	2h 05min	598	655	3

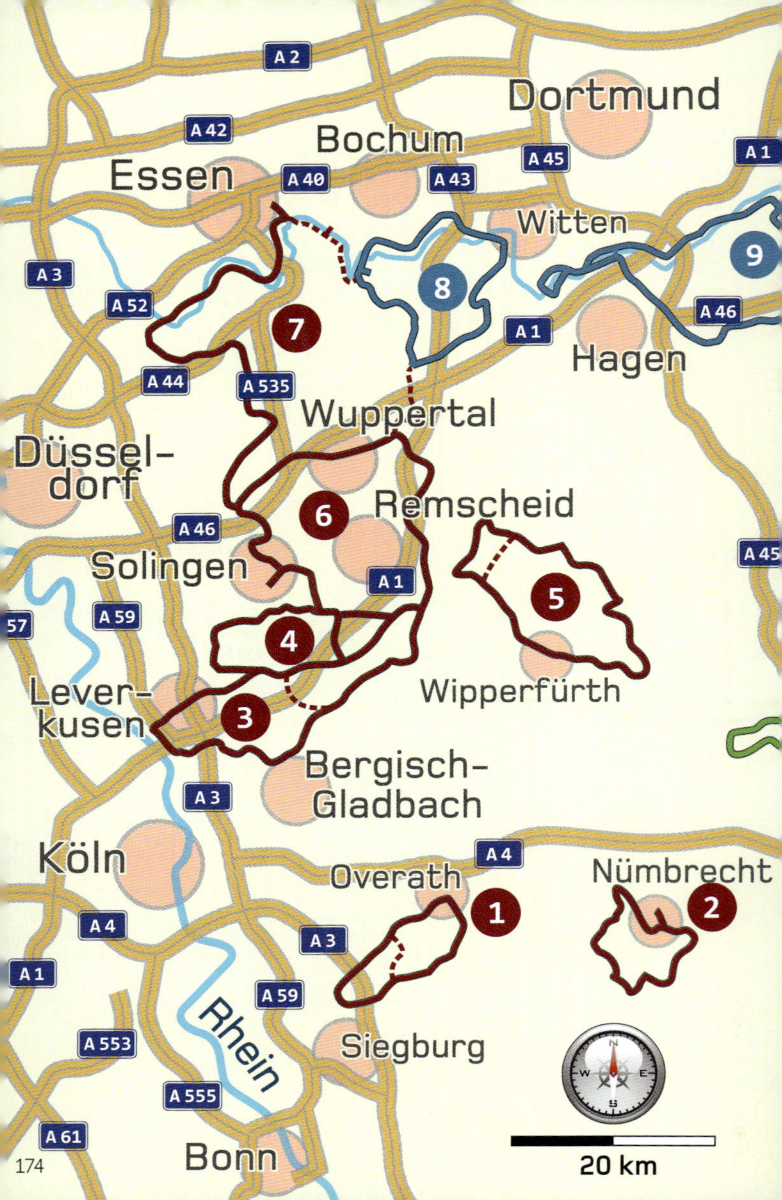

A 2
Dortmund
A 42
Bochum
A 45
A 1
Essen
A 40
A 43
Witten
9
A 3
8
A 52
7
A 1
A 46
Hagen
A 44
A 535
Wuppertal
Düssel-
dorf
6
Remscheid
A 46
A 45
Solingen
A 1
5
A 59
57
4
Lever-
kusen
Wipperfürth
3
Bergisch-
Gladbach
A 3
Köln
A 4
Overath
Nümbrecht
1
2
A 4
A 3
A 1
A 59
Rhein
A 553
Siegburg
A 555
A 61
Bonn
20 km

Tour 1	Auf Müllers Spuren
Tour 2	Fachwerkroute
Tour 3	Dhünn-Runde
Tour 4	Wupper-Runde
Tour 5	Wasserquintett
Tour 6	Panorama-Radwege
Tour 7	PanoramaRadweg Niederbergbahn
Tour 8	Radweg von Ruhr zur Ruhr
Tour 9	Ruhr-Lenne-Achter
Tour 10	Möhnetal-Ruhrtal-Radweg
Tour 11	RuhrtalRadweg - Auftakt
Tour 12	SauerlandRadring
Tour 13	HenneseeSchleife
Tour 14	Schlösserroute Sorpesee
Tour 15	Agger-Bigge-Runde

▸ EINFACH HIMMLISCH GEFÜHRT

Besitzer von GPS-Navigationsgeräten (Outdoor-Geräte oder Smartphones) kommen nie vom Weg ab und wissen immer, wo sie gerade sind: In allen Rad- und Wanderführern des ideemedia-Verlags finden Sie die Rad-, Wander- und Erlebnisrouten für Outdoor-Navigationsgeräte. Die Touren liegen im weit verbreiteten *gpx-Format vor.

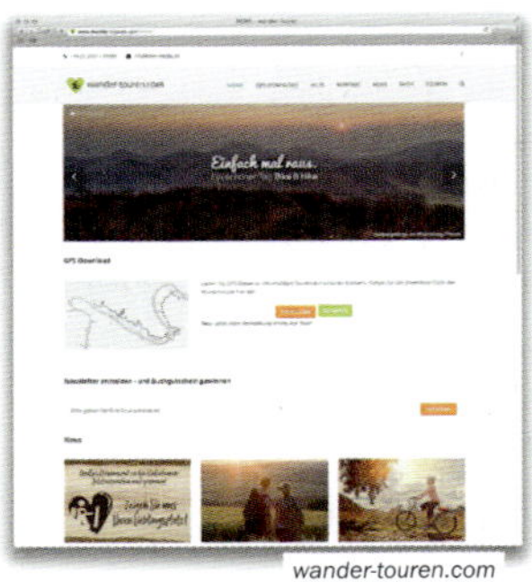

wander-touren.com

Mit dem kostenlosen Programm BaseCamp von Garmin ist es möglich, die Tracks anzusehen, zu bearbeiten und direkt auf Garmin-Geräte zu laden. Dieses Programm kann auch ohne die zusätzlich zu kaufende Karte eingesetzt werden, bietet dann aber nur eine globale Karte ohne Details. BaseCamp läuft zudem auch auf Apple Computern. Alle anderen Hersteller von Outdoor-GPS-Geräten bieten ebenfalls kostenlose Programme an. Allerdings müssen Sie meistens auch eine digitale Karte erwerben, um den Track am PC und auf Outdoor-Geräten auf der Karte zu sehen. Für PC-Nutzer ist zudem die Software MagicMaps Tour Explorer empfehlenswert. In OpenStreetMaps oder Google Maps können die Daten mit Hilfe eines GPX Viewer angezeigt werden. Diese Kartenansicht können Sie für unterwegs zum persönlichen Gebrauch ausdrucken.

▸ DIREKT ZUM PREMIUM-TRACK: SO FUNKTIONIERT ES

Zum Download der Routen benötigen Sie entsprechende Tour-Codes. Diese finden Sie unter anderem jeweils am Ende der einzelnen Kapitel. Auf der Internetseite **www.wander-touren.com** geben Sie den Code ein. Eine gesonderte Anmeldung ist nicht mehr erforderlich. Sie bestätigen mit der Downloadanfrage, dass Sie im Besitz des entsprechenden Buches (Print oder elektronische Ausgabe) sind. Wenn Sie per Mail über

Updates informiert werden möchten, melden Sie sich bitte unter www.wander-touren.com zum Newsletter an.

GPX-DATEN AUF OUTDOOR-NAVIS LADEN

Als Buchbesitzer können Sie die Daten als Datei im weit verbreiteten *gpx-Format als Einzeltour laden und danach auf Ihrem PC ablegen. In einzelnen Fällen können die Daten hinter den Codes auch gebündelt als *.zip-Datei verpackt vorliegen, die Sie vor der weiteren Verwendung entpacken müssen.

Als Nächstes müssen Sie die gewünschte Tour auf Ihr Navigationsgerät übertragen. Für die meisten GPS-Outdoor-Geräte ziehen Sie einfach den Track von Ihrem Desktop nach Verbinden des GPS-Geräts mit dem Computer in das GPS-Verzeichnis Ihres Outdoor-Geräts, das Sie als Laufwerk auf dem Desktop sehen. Sollte Ihr GPS-Gerät ein besonderes Format verlangen, so können Sie den Track mit der Software RouteConverter in fast jedes Format konvertieren. RouteConverter ist ein kostenloses GPS-Werkzeug, um Routen, Tracks und Wegpunkte anzuzeigen, zu bearbeiten und zu konvertieren. Es läuft sowohl auf PC als auch auf Apple Computern. Zur Übertragung der Tour-Daten können Sie auch die Ihrem Kartenprogramm oder Ihrem Navigationsgerät beigelegte Software nutzen. Bei Problemen mit der Übertragung der Daten auf Ihr Navigationssystem wenden Sie sich bitte an Ihren Hersteller oder Lieferanten. Sollte der von Ihnen verwendete Internet-Browser den Daten-Download blockieren, kontrollieren Sie bitte Ihre Sicherheitseinstellungen und beachten die Angaben des Anbieters.

GPS FÜR SMARTPHONES/IPHONES

GPS-Daten auf ein Smartphone zu laden, ist inzwischen recht einfach und funktioniert mit mehreren Apps sowohl für iPhones als auch für Android-Geräte. Unser Tipp: Laden Sie sich verschiedene Apps auf Ihr Gerät und testen Sie, mit welcher Software Ihr Gerät fehlerfrei arbeitet. Laden Sie nun von www.wander-touren.com den *.gpx-Track herunter und öffnen ihn mit einem geeigneten Programm. Meist schlägt das Be triebssystem eine Auswahl geeigneter Programme vor. Probleme kann es evtl. mit den Karten geben, wenn diese unterwegs über das Netz geladen werden müssen. Von Netzproblemen abgesehen, kann das zu hohen Downloadkosten führen.

GRATIS-APP traumtouren: SCANNEN, LADEN, LOSLEGEN

Wesentlich einfacher geht es mit der App „traumtouren", die Sie für Smartphones und Tablet-PCs als kostenlose Basis-Version über GooglePlay (Android) und iTunes App-Store (iOS) für verschiedene Software-Versionen laden können. Via Tour-Code oder über das Scannen des QR-Codes aus der App heraus können Sie dann schnell, einfach und bequem die komplette Tour auf Ihr Smartphone oder Tablet übertragen. Neben der Wegstrecke erhalten Sie zusätzliche Kurzinfos, sehen (bei bestehender Mobilfunk- bzw. Satellitenverbindung) Ihren aktuellen Standort und können der vorgeschlagenen Route folgen. Die App ist auf einfache Bedienbarkeit ausgelegt und auf die wesentlichen Funktionen für unterwegs reduziert. Bedenken Sie bitte: Je nach Mobilfunkvertrag können für die Nutzung der Verbindung Kosten anfallen. Die App ist nicht Bestandteil des Buchkaufs, die Verfügbarkeit ist nicht garantiert. Bitte beachten Sie die gesonderten Nutzungsbedingungen. Eine ausführliche Anleitung zur Bedienung der App finden Sie auf www.wander-touren.com/www/app-hilfe.

Bitte beachten: Wenn Sie den QR-Code nicht aus der App heraus scannen, öffnet sich Google Maps und es wird Ihnen der Startpunkt der Tour angezeigt. Die Gratis-App traumtouren ist nicht für alle Software-Versionen verfügbar.

ALLGEMEINE HINWEISE

Alle Daten wurden auf Fehlerfreiheit geprüft und werden bei Änderungen der Wegführung nach Verfügbarkeit aktualisiert. ideemedia übernimmt keine Haftung für mögliche Abweichungen, Vollständigkeit,

Verfügbarkeit und Einsatz auf allen Navigations-Modellen. Sollte ein Gerät das Laden von GPS-Daten nicht ermöglichen, so wenden Sie sich in diesem Fall bitte an den Hersteller. Die Nutzung der Tour-Downloads ist nur Buchbesitzern zur privaten Verwendung gestattet, eine Weitergabe an Dritte sowie das Vervielfältigen auf Datenträgern jeder Art ist untersagt. Kommerzielle Nutzung ist nur nach schriftlicher Vereinbarung mit ideemedia gestattet. Idee, Konzeption und Daten sind urheberrechtlich geschützt. Die Daten enthalten einen Sicherheitscode. Eine Vervielfältigung zur Verteilung oder Verlinkung ist strikt untersagt und kann bei Missbrauch zu Schadenersatzforderungen führen.

PREMIUM-GPS: WAS IST DAS?

Im Gegensatz zu vielen anderen Anbietern im Print- und Online-Bereich greifen wir nicht auf die Standard-Daten von kostenlosen Internetportalen, privaten oder öffentlichen Anbietern zurück, sondern ermitteln die Daten vor Ort und aktualisieren diese im Regelfall, wenn uns gravierende Änderungen bekannt werden. Um es Kunden so komfortabel wie möglich zu machen, bieten wir ihnen, neben den *.gpx-Daten, die Nutzung der App traumtouren. Die Arbeit ist aufwendig und kostenintensiv – und daher bitten wir um Verständnis, dass wir diese aufbereiteten Daten in vollem Umfang nur unseren Kunden zur Verfügung stellen.

GPS-DATEN VERARBEITEN: NICHT OHNE ÜBUNG

Trotz enormer Fortschritte in der Gerätebedienung ist es für Laien immer noch nicht völlig unkompliziert, die Daten auch richtig nutzen zu können. Da es sich bei den *.gpx-Daten um ein kostenfreies Zusatzangebot zu unseren Printprodukten handelt, können wir keine Unterstützung für GPS-Geräte, GPS-Software oder Kartengrundlagen leisten. Bitte wenden Sie sich dazu an Ihren Hersteller oder Lieferanten und arbeiten Sie sich gründlich in die Möglichkeiten der GPS-Nutzung ein. Verlassen Sie sich auch bei Ihren Touren nicht ausschließlich auf Ihr GPS-Gerät, Empfangsprobleme in engen Schluchten oder hohen Wäldern, Batterie- oder Softwareprobleme sind nicht unbekannt. Wir empfehlen aus Erfahrung die zusätzliche Mitnahme von Buch und Karten.

Register

A

B

D

E

G

H

I

K

L

M

N

O

P

R

S

T

U

V

W

Z

Rhein
Mosel
Eifel
27 Premium-Rundwege
Traumpfade
-NEU-
Mit aktuellen Traumpfädchen
JUBILÄUMS Ausgabe 2021
12.95 €
• 272 Seiten
• 27 Touren
• mehr als 250 Fotos
ideemediashop.de

Neben den Tourist-Informationen vor Ort stehen die regionalen Tourismusorganisationen für Fragen, Auskünfte und Anregungen zur Verfügung:

Bergisches Land

Naturarena Bergisches Land GmbH
Bergisches Haus
Friedrich-Ebert-Straße 75
51429 Bergisch-Gladbach
Tel.: 02204/843000
E-Mail: info@dasbergische.de
Website: www.dasbergische.de

Ruhr

Ruhr Tourismus GmbH
Centroallee 261
46047 Oberhausen
Telefon Hotline: 01806/181630
E-Mail: info@ruhr-tourismus.de und info@radrevier.ruhr
Website: www.ruhr-tourismus.de

Sauerland

Sauerland-Tourismus e.V.
mit Sauerland-Radwelt
Johannes-Hummel-Weg 1
57392 Schmallenberg
Telefon-Hotline.: 02974/202190
E-Mail: info@sauerland-radwelt.de
Website: www.sauerland.com

aumtouren 1 ein. Mosel. Eifel	traumtouren 3 Sieg. Westerwald. Lahn	traumtouren 5 Hunsrück. Nahe. Rheinhessen	traumtouren 7 Eifel.Mosel.Saar
aumtouren 2 einland SÜD	traumtouren 4 Bergisches Land. Ruhr. Sauerland	traumtouren 6 Westerwald	

Impressum

Herausgeber: Uwe Schöllkopf (ideemedia GmbH)
Autor: Hartmut Schönhöfer
Konzept & Redaktion: Uwe Schöllkopf
Redaktionelle Mitarbeit: Anna Ley, Mathias Frickel
Grafik/DTP/Produktion: Dominik Molz
Karten & Höhenprofile: KGS Kartografie Schlaich | ideemedia GmbH

Verlag: ideemedia GmbH, Im Aubisch 1b, D-56567 Neuwied
Telefon: 02631/9996-0 • Telefax: 02631/9996-55 • E-Mail: info@idee-media.de
Internet: www.ideemediashop.de • www.wander-touren.com

Alle Angaben wurden nach bestem Wissen recherchiert und sorgfältig überprüft. Sollten sich dennoch Fehler eingeschlichen haben, bitten wir um Entschuldigung und Benachrichtigung. Für Fehler übernimmt der Verlag keine Haftung. Aktuelle Änderungen, Downloads und Updates zum Buch finden Sie unter www.wander-touren.com Mit der App traumtouren lassen sich die Touren über die QR-Codes aus dem Buch direkt auf Smartphones laden. Die kostenlose Basis-Version der App ist nicht Bestandteil des Buches, eine Verfügbarkeit ist nicht garantiert.

Die Deutsche Bibliothek – CIP – Einheitsaufnahme: ISBN 978-3-942779-40-1
Titelbild und Fotos: Hartmut Schönhöfer

Autor

Hartmut Schönhöfer, Jahrgang 1964, ist in Coburg (Oberfranken) geboren und aufgewachsen. Berufliche Stationen als Marketing- und Handelsmanager führten den Diplom-Kaufmann nach Rheinland-Pfalz und NRW. Als begeisterter Radfahrer mit Wohnsitz Bad Neuenahr-Ahrweiler hat er die Bikeregionen Bergisches Land, Ruhr und Sauerland in den letzten Jahren ausgiebig erradelt und verbindet mit dem Schreiben von Radführern seine Leidenschaften für das Fahrradfahren, Fotografieren und Reisen.